■ ネット詐欺の被害に遭わないために・・・

▲Yahoo のWeb サイトにそっくりのニセ Web サイトに個人情報を入力させるようにしむけている。

▲Yahoo メールそっくりのメールで、ニセのWeb サイトに誘導している例がありました。

Yahoo! Japan をかたるフィッシングメール

プロバイダや企業などを装って，ユーザ名やパスワードなどを入力させるWebページに誘導するメールを送り，個人情報を盗む行為をフィッシングと呼んでいます。キャッシュカードなどの番号や大事な個人情報を盗み出されるケースが多く，重要な個人情報を入力する時は慎重にしなければなりません。

利用者が正しいURL を入力しても，自動的にニセサイトに誘導されてしまうファーミングという詐欺の手口もあります。

これらの被害を防ぐために，まずは，自分のコンピュータにセキュリティソフトを導入することが必要です。

Information Ethics

■ コミュニティサイトや出会い系サイトをきっかけに・・・

インターネットやスマートフォンは，生活を便利にしましたが，反面，子どもが有害な情報にアクセスしたり，犯罪やトラブルに巻き込まれたりするといった問題を引き起こしています。出会い系サイト規制法[※1]による規制強化により，18歳未満の利用者の被害は減っているものの，自己紹介や日記・写真などを通じて交流するSNSなどのコミュニティサイトが原因となる被害が増えています。

主にコミュニティサイトの種別については，最近は，複数交流系（Twitter，LINE，Facebookなど）やチャット系が増え，IDやQRコード交換系は減ってきています。

[コミュニティサイトおよび出会い系サイトを原因とする被害児童数]
（「児童」とは，18歳未満の者。）   <人>

原因となるサイト	平成24年	平成25年	平成26年	平成27年	平成28年
出会い系サイト	218	159	152	93	42
コミュニティサイト	1,076	1,239	1,421	1,652	1,736

コミュニティサイトへのアクセス手段の約9割がスマートフォンを使用していることも注目すべき点です。内閣府の調査[※2]では，小学生の2割，中学生の5割，高校生の9割以上がスマートフォンを持ち，スマートフォンの所持率が年々増えています。

スマートフォンなどからインターネットにアクセスし，コミュニティサイトなどを利用することも珍しいことではありません。多くの場合，自分は被害に遭わないと思って，問題が大きくなることを予想できずに利用したことが原因で犯罪被害に遭うのが現状です。軽い気持ちや心のスキが危険につながります。出会いを求めるようなメッセージには返信しない，「会いたい」と言われても絶対に会わないようにしましょう。

※1 「出会い系サイト」は児童（18歳未満）に使わせないようにすることが法律で定められています。
※2 内閣府：青少年のインターネット利用環境実態調査
（http://www8.cao.go.jp/youth/youth-harm/chousa/net-jittai_list.html）

▲出典：警察庁サイバー犯罪対策サイト
（http://www.npa.go.jp/cyber/deai/teens/teens_3.html）より引用

インターネット社会を
生きるための

情報倫理

改訂版

実教出版

目次 | Contents | Information Ethics

1章 情報と情報社会 ……5

1 ── 情報と情報社会の特徴
1. インターネット社会の光と影 …… 6
2. 情報のはたらきと特性 …… 8

2 ── 情報の受信・発信と個人の責任
1. 情報の信憑性・信頼性 …… 10
2. 発信する情報への責任 …… 14

▶章末問題 …… 16

2章 個人情報と知的財産 ……17

1 ── 個人情報
1. 個人情報とは …… 18
2. 個人情報の流出と保護 …… 22

2 ── 知的財産
1. 知的財産と知的財産権 …… 24
2. 著作物と著作権 …… 26
3. 知的財産の正しい利用 …… 30

▶章末問題 …… 34

3章 ネットにおけるコミュニケーションとマナー ……35

1 ── 電子メールによる情報の受信・発信
1. 電子メールの活用 …… 36
2. 電子メールの内容とマナー …… 38
3. メーリングリストの活用 …… 42

2 ── Webページによる情報の受信・発信
1. Webページの構成と活用 …… 44
2. 受信者への配慮 …… 46

3 ── ネット上のコミュニケーション
1. 電子掲示板の活用 …… 48
2. SNSによるコミュニケーション …… 50

▶章末問題 …… 54

Microsoft・Windows・Internet・Explorer・Outlook (Microsoft Corporation)，PGP (PGP Corporation) をはじめ、本書に記載した製品名や会社名はそれぞれを有する会社の商標もしくは登録商標です。

4章 情報社会における生活 ……… 55

1 — 身近な生活における情報
1. スマートフォンの利用による変化 …… 56
2. 生活スタイルの変化 …… 60
3. 健康面への影響 …… 62

2 — 社会生活における情報
1. 情報社会の新しい文化 …… 64
2. 学習環境の変化 …… 66
3. 医療・福祉・公共サービスの変化 …… 68
4. ビジネスの変化 …… 70

3 — ネット社会におけるトラブルと犯罪
1. インターネット上での有害情報や違法行為 …… 72
2. インターネット上でのトラブル …… 74
3. 匿名性の問題と対策 …… 76

▶章末問題 …… 80

5章 情報セキュリティとネット被害 ……… 81

1 — 情報セキュリティ
1. 情報セキュリティとは …… 82
2. 個人認証とパスワード …… 84
3. 暗号化と情報セキュリティ …… 86
4. Webの情報セキュリティ …… 90

2 — コンピュータへの被害
1. スパムメールとチェーンメール …… 92
2. コンピュータウイルス …… 94
3. 不正アクセス …… 96

3 — ネット社会のセキュリティ技術
1. フィルタリング技術 …… 100
2. 電子すかしと電子署名 …… 104

▶章末問題 …… 106

付録1　ネット関連法律 …… 107
付録2　情報技術の発展と社会・法制度の変化 …… 110
付録3　情報関連重要用語 …… 112
問の解答と解説 …… 118
章末問題の解答 …… 125
さくいん …… 126

はしがき

インターネットの普及により，私たちは，テレビ，新聞，書籍などに加えて，インターネットに接続されたパソコンやスマートフォンなどで，いろいろな情報を簡単に手に入れられるようになりました。

しかし，便利になった反面，コンピュータウイルスのような悪質なプログラムが送られてきたりすることもあります。さらには，個人情報流出などの事件，フィッシング詐欺のように情報技術を悪用した犯罪も起こっています。

さらに，インターネットやスマートフォンの利用者が低年齢化するとともに，児童や生徒を巻き込んだトラブルや事件も目立つようになってきました。2009年には，子どもたちを有害情報から守り，安心してインターネットを利用できるようにすることを目的として，青少年インターネット環境整備法も施行されました。

このようなインターネット社会において，私たちは，インターネット利用の操作の知識や技術だけでなく，関連するトラブルや事件，また，それらから身を守る法律などについても知っておかなければなりません。そして，ルールやマナーを守りながら，トラブルに巻き込まれないように，インターネットをうまく活用していかなければなりません。

私たち著者は，本書の書名で用いている「情報倫理」をインターネット社会（あるいは，情報社会）において，生活者がネットワークを利用して，互いに快適な生活をおくるための規範や規律と考えています。そのため，本書では，インターネットのルールやマナー，トラブルへの対策だけでなく，インターネット社会で生きるために必要な，最低限の知識を簡潔にまとめました。なお，今回，改訂するにあたっては，旧版の構成を大幅に変更し，新たな項目も追加しました。

本書が，21世紀の新しいユビキタス社会での「生きる力」を養う一助になることを，心より願っています。

2017年12月
情報教育学研究会（IEC） 情報倫理教育研究グループ代表
高橋 参吉

●本書の利用にあたって●
- 原則として各項目ごとに，本文中の知識を確認するための問を，巻末にその解答と解説を掲載しました。知識の整理に役立ててください。
- 本文中の重要語句など（色文字）は，市販の赤いシートを利用すれば，文字を隠すことができます。自習時にはこれを利用して，何回も読み返してください。

1章

情報と情報社会

Information Ethics

　インターネットの普及は，電子メール，Webによる情報検索，オンラインショッピングなど，私たちの生活にさまざまな恩恵をもたらしています。しかし，一方では，個人情報の流出や著作権の侵害など，いろいろな問題が起こっています。

　この章では，まず，インターネットの「光と影」(便利な点と危険な点)について解説します。また，2章で述べる個人情報や知的財産権などの問題は，ディジタル情報の特徴が大きくかかわっていますので，情報倫理を考えるうえで大切な情報の特性にもふれていきます。さらに，情報社会で被害者や加害者にならないために，情報の信憑性や情報発信する際の責任についても説明します。

1 情報と情報社会の特徴

1 インターネット社会の光と影

■ インターネットの登場

　私たちは，さまざまな情報を活用しています。テレビ，ビデオ，新聞，書籍などに加えて，近年，パソコンやスマートフォンなどを使うことによって，世界中の情報を簡単に手にすることができるようになりました。パソコンやスマートフォンで情報を手に入れる場合，おもにインターネットを使っています。

　テレビや新聞などのメディアでは，情報は放送局や新聞社から私たちへ一方向に流されます。それに対してインターネットの場合は，情報の流れは，電話のように，相手のコンピュータと，相互に情報をやり取りすることができます。

　自分の持っている情報を相手に見せたり，相手のコンピュータやサーバから欲しい情報を検索して見たりすることができます。また，電子メールを相手に送ったり，相手から受け取ったりすることができます。このように，双方向で情報をやり取りする性質が，インターネット利用の特徴です。

■ インターネットの「光」

　インターネットは，私たちの生活を便利にしてくれています。それを**インターネットの「光」**と表現します。例えば，Webページによる情報検索では，キーワードを入力することによって目的の情報を探し出すことができます。インターネット上では

- 電子美術館，電子図書館
- オンラインショッピング
- チケット予約サービス
- 音楽や映像のリクエストサービス
- 学習システム（eラーニングやインターネットスクールなど）
- 遠隔地からの医療診断サービス
- 災害時の情報収集

などの利用が可能であり，インターネットの普及は，私たちの生活を向上させています。

■ インターネットの「影」

　他方で，インターネットには，悪い影響を及ぼす一面もあります。それを**インターネットの「影」**と表現します。例えば

- 個人情報の流出　・ネットワーク上でのストーカー行為
- 著作権や肖像権の侵害　・オンラインショッピングのトラブル
- 薬物などの違法物の販売　・有害情報の提供
- コンピュータウイルスの感染
- 不正アクセスによるデータの改変や消去

など，さまざまな問題が生じるようになりました。

「影」をなくす3つの方法

このような種々の問題を解消するためには，例えば，**個人情報の流出**では，
- 利用者自身が，不必要な個人情報を流さないよう注意する
- 個人情報保護に関する法令や条例によって個人情報の流出を防ぐ
- 個人情報を安全に送受信するための暗号化技術などで防ぐ

などの対策が考えられます。つまり，インターネットを安全に活用するには，利用者の注意やモラル，法律，技術の3つの観点から解決策が考えられるのです。

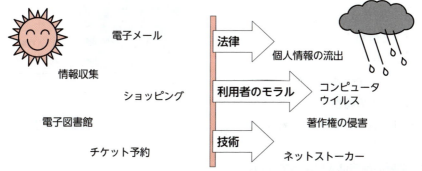

問 1　次の文章は，インターネットの「影」について述べたものである。必ずしも「影」とはいえないものを1つ選びなさい。

1) インターネットに接続していたパソコンから個人情報が流出してしまった。
2) 友人のWebページで公開されていた課題作文を許可を得ずに写し，自分の作品として提出した。
3) SNSやブログでもコミュニケーションがはかれるようになった。
4) コンピュータウイルスは，感染の拡大が非常に速い。
5) IDとパスワードを盗み，他人になりすまして不正にアクセスを行った。

2 情報のはたらきと特性

情報とコミュニケーション

　情報とは，一体どういうものでしょうか。例えば，何も記録されていないCD自体は大変安いですが，それに音楽を記録すると価値が生まれ，音楽CDは高価になります。私たちは，記録された音楽に対してお金を払っているのです。

　この音楽CDの場合，記録されている音楽が**情報**であり，その音楽が記録されたCDを**メディア**といいます。情報とは，文字，音，画像などを使って，何らかの意味をもつように表現したものであり，メディアとは，その情報を載せて運ぶ物質や仕組みです。

■ 情報とメディアの関係

　コミュニケーションは，情報をやり取りすることで成立します。コミュニケーションには，必ず，情報を送る人（発信者）と情報を受ける人（受信者），およびその間を取りもつメディアが存在します。

情報の特性

　情報がもついくつかの特性について，コミュニケーションの視点から考えてみましょう。

1) 情報の価値は人によって変わる

　私たちは，数多くの本の中から好きな本を選んで買います。作家Aが好きな人にとっては，Aさんの小説は価値があるでしょうが，そうでない人にとっては価値がありません。また明日遠足に出かける人は，明日の気象情報は知る価値がありますが，そうでない人にはそれほど価値はないかもしれません。

2) 生じた情報は消えにくい

　形のある物体の場合，AさんがBさんにその物体を渡すと，その物体はAさんの手元には残りません。しかし，情報の場合，Aさんが情報をBさんに渡したとしても，Aさんの手元から情報がなくなるわけではありません。うわさ話がいつまでも消えないのは，このような情報の特性が原因なのです。

3）情報は，簡単にコピーできる

印刷物をコピーする，音楽CDを携帯音楽プレイヤーにダビングする，テレビ番組を録画するなど，情報は容易にコピーすることができます。ディジタルで記録された情報は，コピーしても情報の質を劣化させずに，同じ情報を大量にコピーすることができます。

4）情報は，伝播して広がっていく

情報は，人から人へと伝わっていきます。流行語やファッションなどは口コミなどで伝わっていきます。また，インターネットを利用すると，大量の情報を，短時間に，多くの人々に送り届けることができます。インターネットを通じて個人情報が流出する，チェーンメールが届く，**コンピュータウイルス**の感染が広がる，デマ情報が広がるなどの問題は，このような情報の特性が原因となっています。

情報通信社会における**情報モラル**の問題を考えるとき，私たちは，このような「情報の特性」について，理解しておく必要があります。

- **残存性** 「もの」は，他者に渡すと自分の手元にはなくなってしまう。しかし，「情報」は，他者に与えたことで自分の記憶が失われることはない。
- **複製性** 「もの」はまったく同じものを作ることは難しい。しかし，「情報」は容易に複製できる。特にディジタル情報は，劣化させずに短時間で大量の複製が可能である。
- **伝播性** 「もの」を送ると相手に届くのには，時間がかかる。しかし，「情報」は短時間に伝播する。

問2 次の文章は，情報の特性について述べたものである。正しいものを1つ選びなさい。

1) 情報の価値は，すべての人に共通である。
2) ディジタル情報は，一般に複製が簡単である。
3) ディジタル情報は，通信ネットワークを利用しても一般に伝わりにくい。
4) 情報を発信する場合，情報を受け取る人の状況を考える必要はない。
5) 情報は，ほかの人に渡すと自分の手元から完全になくなる。

2 情報の受信・発信と個人の責任

1 情報の信憑性・信頼性

■ メディアによる情報の差

わたしたちは，テレビ，新聞，書籍，雑誌，インターネットなどのメディアから，毎日さまざまな情報を手に入れています。同じ情報であってもメディアが異なることで，その内容の受け止め方は大きく異なります。

例えば，ある火災のニュースを，
- テレビ（映像）で見るとき
- ラジオ（音声）で聞くとき
- 新聞（文字）で読むとき

では，それぞれずいぶん異なる印象を受けます。同じ情報であっても，それを伝えるメディアによって伝達方法や表現方法が異なると，情報の内容は同じようには伝わりません。

また，メディアから送られてくる情報を，実際とは異なるメッセージとして受け取る場合もあります。例えば，きれいに紅葉した一葉の画像を見るだけで，実際には一部の葉しか色付いていなくても，山々が一面に紅葉して秋が深まっていく様子を思い描くこともあるでしょう。このようにメディアが伝える内容以上のものを，わたしたちの想像力で増幅させることがあります。

こうしたことを利用して，発信者が意図的に，受信者をある方向へ誘導するように情報を発信することも十分に考えられます。特に，テレビや新聞などのマスメディアの場合は多くの人が情報を受け取るので，発信された情報が社会に与える影響は大きいといえます。それだけに，ニュースなどの報道には**客観性**と**信頼性**が求められます。

　読者や視聴者の気持ちをあおるように誇張された情報や，意図的に操作された情報に対して，冷静に対処するためには，発信者の意図を読み解く力を身に付けることが大切です。

■ インターネット上の情報

　わたしたちは，インターネットを使って必要な情報を手に入れることができます。しかし，非常に多くの情報の中から，信頼のおける情報を収集することは容易ではありません。特に，個人で管理しているWebサイトやSNS（Social Networking Service）の中には，個人の考えで情報を発信することができるため，**信憑性**（情報の正確さの度合い）に欠ける情報，個人の思惑によって意図的にゆがめられた情報，データの出所が不明な情報などがあるため，気を付けなければいけません。また，更新されていない古い情報などもあるので情報が発信された時期などを確認する必要があります。

■ 情報受信の際の注意

　情報の信憑性を判断する前に，Webページの中には有害サイトや違法サイトがあることも忘れてはなりません。このようなサイトの中には，そこにアクセスしただけで自動的に有害な画像が表示されるように仕組まれているものもあるので，注意が必要です。

　英語の文面をよく読まないで，適当に「OK」をクリックしてしまい，数か月後に法外な料金を請求されて驚いたといった事例もあります。「OK」をクリックすることが「契約に同意した」ということになる場合もあるので注意が必要です。

　また，集められた個人情報がインターネット上で売買され，思わぬところからダイレクトメールがきたり，迷惑メールが送られてきたりすることがあります。情報を受信した際にも，ただ受信したのではなく，「自らが情報提供の要求を発信している場合がある」ということを理解しましょう。

正確な情報を得るには

正確な情報を得る必要がある場合，大まかな情報を得るだけでよい場合，詳細な情報を集める必要がある場合など，情報を収集する目的はいろいろありますが，そのような中で，正確な情報を得たい場合には，次のような工夫が必要です。

- メディアの特性を踏まえて，情報の信憑性を確認する
- 情報の提示方法やデータの表現方法を考えて内容を読み取る
- 情報の発信者の利益になることや，有利になることは何かを考えてみる
- 情報の発信者の立場に立ってみて，情報の背後にかくれている発信者の意図を考えてみる

受信者として情報を正しく入手するためには，信頼性を考えながら情報を受信する姿勢が求められます。

なお，通信ネットワークの技術上の問題で，ハードウェアの故障やソフトウェアの不良で誤った情報が伝達されている可能性も否定できません。不正アクセスにより書き変えられていたり，人的操作ミスなどにより，情報が損なわれている可能性もあることを念頭に置いておく必要があります。

受信した情報の価値判断

Webページを用いれば，インターネットに接続されたコンピュータや携帯電話を使って，世界中の誰でもがどこからでも情報を発信できます。これまで，放送局や新聞社・出版社など大きな資本があり，放送技術や印刷技術をもった会社でなければできなかった情報発信を，個人ができるようになりました。しかし，誰もが情報を発信できるということは，その情報が粗悪であったり，無責任な発言であったり，さらにはまったくの虚偽であったりすることも十分に可能性があることを意味しています。

例えば，友人から送られてきた「もしかすると，明日，大雨洪水警報が出るかもしれない」という情報はどうでしょうか。「大雨洪水警報が出たら，学校が休みになる」という期待をしている人は，大雨洪水警報が出ると信じてしまうかもしれません。逆に，「大雨洪水警報が出たら，仕事に行けなくなる」と困る人は，不安をつのらせるかもしれません。

情報の信憑性を確認するためには，その情報の発信者の素性を見てみることが必要です。発信者が公的な機関であれば，無責任な情報の発信は少ないと考

えてよいかもしれませんが，初めて聞く個人や団体などが発信者であれば，単に世間をあおったり混乱させたりするための情報である可能性も考慮する必要があります。しかし，資金や財産，人材が少ない組織などが，社会的な活動のためにWebページを用いて情報発信している可能性もあります。

　また，さまざまなWebページなどを閲覧し，異なる複数の情報源が同じ情報を発信していることを確認することも，信憑性を確認できる要素といえます。

　特に，病気や薬など医療に関する情報などをインターネットで検索する場合は，複数のWebページで確認する，信用できるサイトで調べるなどしなければ，健康被害が発生する恐れがあります。同様に，法律や社会生活にかかわる重要な情報なども，責任ある機関が発信している情報かどうかを慎重に吟味する必要があります。

　このように，さまざまなメディアから情報を受け取る際に，必要な情報を読み取り，価値を判断しつつ活用する力のことを**メディアリテラシー**と呼びます。

問 3　次の文章は，情報の信憑性について述べたものである。正しいものを1つ選びなさい。

1) 同じ情報であれば，メディアが異なっても受信者が受け取る内容は常に同じである。
2) 大きな報道機関であれば，誇張された報道がなされることはない。
3) インターネット上には，信頼できる情報ばかりがある。
4) 情報の受信者を，意図的にある特定の方向に誘導するような情報もある。
5) 正確な情報を得るには，1つのメディアからだけの情報でよい。

2 発信する情報への責任

■ 発信者としての責任

インターネットを用いて情報を発信する仕組みには，SNS，電子掲示板，ブログなどがあります。これらを用いて情報を発信する際，発信者が想定していた受信者以外にも伝わる可能性があります。したがって，不特定の人に知られてはいけない情報を，インターネット上に流すことは避けるべきです。

また，情報を発信する際には，その情報が正確で最新のものであることを常に心がける必要があります。他人から聞いた話や特定のWebページからのみ得た情報は，発信する前にその**情報源**を調べ，信憑性を確認しておかなければなりません。以前に発信した情報についても気を配り，情報に変更する必要が生じたときには，その都度，内容を更新することも大切です。

なお，インターネット上の情報は，誰でも容易に複製することが可能です。そのため，発信者の意図に反して，その情報のコピーがインターネット上に広まってしまうことがあります。インターネット上に情報を発信する際は，一度発信した情報をすべて取り戻して消去することは不可能であることを常に念頭において，慎重に行わなければなりません。

■ 個人情報に対する注意

SNSやブログなどでの情報発信では，自分の近況や友人とのエピソードを書き込むことがよくあります。その際，自分や友人の個人情報を不用意に書き込むことは，厳に慎まなければなりません。情報を発信する範囲を「友人のみ」，「友人の友人」，「全体」などのように限定できる場合は，どのような情報をどのような範囲まで発信するかをよく考えることが大切です。また，一つひとつの書き込みでは個人が特定できなくても，いくつかの書き込みを合わせると個人を特定できることもあるので，注意する必要があります。

情報が伝わる範囲をよく考えずに個人情報を含んだ書き込みをしたために，いやがらせやストーカー行為を受けることや，将来思いがけない不利益を被ることがあるかもしれません。個人情報を含んだ情報の発信には，細心の注意を払いましょう。

■ 著作権などに対する注意

インターネット上のWebページからダウンロードした他人の写真を自分の

Webページに貼り付けることは，技術的には簡単なことです。しかし，その写真を撮影した人の著作権，写っている人の肖像権などは，当事者の了解なしには利用できないということを忘れてはいけません。経済的な価値のあるものはもちろん，幼い子どもの描いた絵にも著作権は発生します。権利者の了解なしに書き換えたり，発表したり，転用したりすることは違法です。他人の権利を侵害しないで情報を発信する姿勢が求められます。

問 4　次の文章は，インターネット上での情報発信に関する注意点をまとめたものである。誤っているものを1つ選びなさい。

1) 他人の著作物をWebページに掲載する際は，著作権者の許諾を得る必要がある。
2) Webページに変更を加えるときには，できるだけ新しい情報になるように配慮する必要がある。
3) WebページやSNSは，制作者が想定した人以外にも，閲覧される可能性がある。
4) 有名人の顔写真は，多くの人に知られているため，SNSに無断で掲載してもかまわない。
5) SNSで近況を情報発信する際は，他人の個人情報に配慮する必要がある。

1章 章末問題

1 ◆次の文章の空欄を埋めて，文章を完成させなさい。

1) 文字，音，画像などを使って，何らかの意味をもつように表現したものを（ ① ）と呼び，それに載せて運ぶ物質や仕組みのことを（ ② ）と呼ぶ。
2) さまざまなメディアから情報を受け取る際に，必要な情報を読み取り，価値を判断しつつ活用する力のことを（ ③ ）と呼ぶ。
3) Webページなどで情報を発信する場合は，発信する情報に（ ④ ）をもつという姿勢が強く求められます。

2 ◆インターネットの光と影に関連した内容を下記の語群から選びなさい。

1) インターネットの光（インターネットによって発生した便利な出来事）

2) インターネットの影（インターネットによって発生した困った出来事）

語群　ア）ネットストーカー　　イ）オンラインショッピング
　　　ウ）薬物などの違法物の販売　　エ）学習システム
　　　オ）遠隔地医療診断サービス　　カ）不正アクセス
　　　キ）個人情報の流出　　ク）電子図書館　　ケ）著作権の侵害
　　　コ）チケット予約サービス　　サ）有害情報の提供
　　　シ）コンピュータウイルスの感染　　ス）災害時の情報収集

3 ◆情報の特性について，次の文章の空欄を埋めて，文章を完成させなさい。

1) 情報の（ ① ）は人によって変わる。
2) 一度（ ② ）情報は消えにくい。
3) 情報は，簡単に（ ③ ）できる。
4) 情報は，（ ④ ）して広がっていく。

2章

個人情報と知的財産

Information Ethics

　インターネットの普及は，私たちの生活にさまざまな恩恵をもたらしています。しかし一方では，生活の中にいろいろな問題をひき起こしています。例えば，私たちの知らないところでインターネットを通じて個人情報が流出し，プライバシーが侵害されている例があります。また，私たちが気付かないうちに著作権などを侵害している例もあります。

　この章では，まず，個人情報とプライバシーについて解説します。また，個人情報の流出事例や個人情報保護法について説明します。次に，知的財産全体について概説したのち，著作物と著作権，著作権等の侵害事例について説明します。さらに，著作物の公正な利用を保障するための著作権の制限など，知的財産の正しい利用について説明します。

1 個人情報

1 個人情報とは

個人情報とプライバシー

　氏名，住所，性別，生年月日や，電話番号，勤務先など個人を識別できる情報（識別可能情報）や，ほかの情報と組み合わせることにより個人を特定できる情報のことを**個人情報**といいます。このうち，氏名・住所・性別・生年月日は，「**基本4情報**」と呼ばれ，社会生活を送るうえで公開される可能性が高い個人情報といえます。

■ 個人情報の例

基本的な事項	氏名，住所，性別，生年月日，国籍
家庭生活など	親族関係，婚姻歴，家庭状況，居住状況など
社会生活など	職業・職歴，学業・学歴，資格，賞罰，成績・評価など
経済活動など	資産・収入・借金・預金などの信用情報，納税額など

　同じ個人情報でも，次のような事項は，原則非公開であることはもちろんのこと，事業者などに対しては収集しないように求められています（JISQ15001，なお個人情報保護法2条3項にも「要配慮個人情報」として規定されている）。

- 思想，信条，宗教，人種，本籍地，病歴，犯罪歴などの社会的差別の原因になる事項
- 勤労者の団結権など団体行動に関する事項
- デモへの参加など政治的権利の行使に関する事項
- 保健医療・家庭生活などに関する事項

　一方，すでに公表されている個人情報であっても，本人に無断で掲示板などに書き込んで公開すると，本人の意思に反する使い方をされる可能性があります。私生活上の個人的な情報をむやみに公開されない権利（静穏権）であるプライバシー権の侵害になる恐れもあります。

個人情報の保護に関する法令

個人情報の保護に関しては，国際的には，1980年にOECD（経済協力開発機構）が採択した**プライバシー・ガイドライン**があります。わが国でも，2003年に「**個人情報の保護に関する法律**」（**個人情報保護法**）が成立し，2005年から施行されました。それ以前からも多くの地方自治体で，いわゆる「**個人情報保護条例**」を制定する取り組みが行われてきました。

■ 個人情報保護法（赤枠内）と関連法

（基本法）公・民共通基本理念	個人情報取扱事業者の義務等（民間部門対象）
	行政機関個人情報保護法
	独立行政法人等個人情報保護法
	個人情報保護条例

個人情報保護法は基本法部分と民間部門を対象とした部分で構成されています。基本法部分は，国や地方自治体なども含めて個人情報を保護するための目的や方法を定めており，民間部門を対象とした部分では個人情報を取り扱う場合に負う義務について定めてあります。

個人情報保護法によると，個人情報を含む情報の集合物は「個人情報データベース等」，個人情報データベース等を構成する個人情報は「個人データ」となります。また個人情報取扱事業者が6か月を超えて利用し，本人からの開示，訂正等に応じる義務が生ずる個人データは「保有個人データ」となります。これらの個人情報データベース等を利用する民間事業者は，「**個人情報取扱事業者**」となります。なお，ビッグデータの利活用が増えるとともに，個人が特定できないように個人情報を加工し，もとの個人情報を復元することができないようにした匿名加工情報が注目を浴びています。

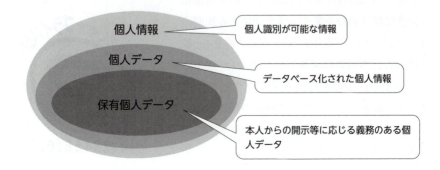

個人情報取扱事業者の義務等

　個人情報保護法で定められた個人情報取扱事業者の義務として次の項目が定められています。

(1) 利用目的の特定と利用目的による制限(15条，16条)
　　個人情報を収集する場合は，その利用目的を明確にしなければならない。また，その目的以外に個人情報を利用してはならない。

(2) 適正な取得と取得に際しての利用目的の通知・公表(17条，18条)
　　個人情報の収集を偽って行ってはならない。

(3) データ内容の正確性の確保(19条)
　　個人情報のデータが最新で正確であるように保つ努力をしなければならない。

(4) 安全管理措置，従業者・委託先の監督(20条〜22条)
　　個人情報を扱う場合には，漏えいなどが起こらないように必要な措置を取らなければならない。

(5) 第三者への提供の制限(23条〜26条)
　　第三者へ個人情報を提供する場合は，本人の同意を得なければならない。

(6) 保有個人データの公表等，開示・訂正等，利用停止等(27条〜30条)
　　本人の求めに応じて個人情報の開示や訂正，利用停止をしなければならない。

(7) 苦情の処理(35条)
　　個人情報の取り扱いに苦情があった場合に，適切に対応しなければならない。

　また，個人情報保護法の規定以上に個人情報の保護に取り組む企業や団体を認証する民間の自主規制として**プライバシーマーク制度**(一般財団法人日本情報経済社会推進協会)が運用されています。この制度は企業がプライバシーマークを表示することで，消費者の信頼を得るとともに，個人情報保護に対する消費者の意識を向上させることを目的としています。

OECDプライバシー・ガイドライン

経済協力開発機構（OECD）の理事会は，1980年に「**プライバシー保護と個人データの国際流通についての勧告**」を採択しました。それによると，次のような8原則があります。

> (1) 収集制限の原則（適正・公正な手段による情報の取得，情報主体の同意）
> (2) データの正確性の原則（利用目的に沿った正確，完全，最新なもの）
> (3) 目的明確化の原則（収集目的の明確化と収集目的に沿ったデータ利用）
> (4) 利用制限の原則（法律による規定以外の目的外利用の禁止）
> (5) 安全保護の原則（紛失・破棄・使用・修正・開示などからの保護）
> (6) 公開の原則（データの収集実施方針等の公開と利用目的等の明示）
> (7) 個人参加の原則（自己データの内容確認，異議申し立てを保障）
> (8) 責任の原則（管理者は諸原則実施の責任を有する）

なお，憲法で保障された思想・信条・表現・学問・信教・政治活動の自由などの権利を侵害することがないように，個人情報保護法の適応が除外される場合があります。報道機関，著述を業として行う者，学術研究機関等，宗教団体，政治団体については，個人情報取扱事業者の義務の適用が除外されます（個人情報保護法，76条）。

問 1 次の文章は，個人情報について述べたものである。正しいものを1つ選びなさい。

1) 本籍地は，行政上，公開されやすい個人情報なので，他人の本籍地を公開してもかまわない。
2) 性別は基本4情報の1つなので，電子メールで問い合わせがあれば答えなければならない。
3) 基本4情報は公開される可能性が高いので，それを他人が公開してもプライバシー権の侵害にはならない。
4) インターネット利用時に個人情報を提供する場合，それが悪用される可能性がないかを考えなければならない。
5) 個人情報保護法は行政機関の保有する個人情報の管理を徹底する目的で制定されている。

2 個人情報の流出と保護

個人情報の流出

　情報社会の中で，私たちの個人情報が流出してしまうというリスクがあります。特に，消費者の個人情報は，事業者にとって経済的価値があるため，さまざまな方法で巧妙に収集されています。例えば，塾や英会話教室などの案内のダイレクトメールを受け取ったり，電話で勧誘を受けたりすることがありますが，これらは個人情報が事前に何らかの形で事業者に収集されているからだと考えられます。

　ディジタル化された個人情報がひとたびインターネット上に流出したら，その情報を消去したり，悪用されないようにすることは困難です。したがって，事業者などが顧客情報などの管理を厳格に行うことが求められています。

個人情報流出の例

　個人情報が流出した事例には次のようなものがあります。

- オンラインアンケートに回答したユーザの個人情報が元社員によって勝手にもち出され，無関係な会社のダイレクトメールの送付に使用された
- オンラインゲームのサーバの脆弱性(ぜいじゃく)を突いて外部からデータベースに不正アクセスされ，「氏名」や「国籍と住所」，「メールアドレス」，「誕生日」，「性別」といった会員の個人情報が流失した
- コンピュータウイルスに感染したパソコンに保存されていた顧客データが，ユーザの知らない間に外部に送信された
- 顧客データを誤って外部の人に電子メールの添付ファイルで送信してしまった
- 情報共有サービスの設定ミスにより，ユーザの氏名や住所などが無断で公開されてしまった

　個人情報を電子データとして記録したり，保管したりすることが増えるにつれて，行政機関や通信事業者，民間企業などの組織が保有する利用者名簿，顧客名簿，利用者のユーザID，電子メールアドレスなどが流出する事件も増加しています。会社などの組織がもっている顧客情報が流出すると，架空請求を

する悪質業者などに利用されてしまうことも考えられます。こうした組織からの**個人情報漏洩**（ろうえい）は，サイバー攻撃による場合もあるので，個人情報の重要性を認識したシステム作りが重要です。

その一方で，ノートパソコンやUSBメモリなどの外部記憶装置に保存された個人情報が，盗難などによって流出する事例も増えています。ノートパソコンや外部記憶装置の高性能化や小型化によって電子データのもち運びが容易になった反面，個人情報を流出させてしまう可能性も高くなっています。

個人情報の保護の取り組み

個人情報が流出するのを防ぐには，次のような対策が考えられます。

- 不必要な個人情報はむやみに収集しない。また，不要と考えられる個人情報は求められても提供しない
- 個人情報を扱う場合は，パソコンやネットワークのセキュリティ対策を万全にする
- 個人情報をもち運ぶ場合は，暗号化をしたり，ファイルにパスワードをかけたりする
- ネットワーク上でのサービスを利用する場合は，アクセスできる情報について慎重に確認する

情報社会では，膨大な個人情報が収集され，利用されています。個人情報を提供することによって便利なサービスを受けることができるようになる場合もありますが，必要以上に自分の情報を安易にインターネット上に公開しないようにすることが大切です。

問 2 次の文章は，個人情報の流出と保護について述べたものである。誤っているものを1つ選びなさい。

1) インターネットに流出した個人情報を完全に消去することは容易にできる。
2) 顧客データが流出すると，架空請求などの犯罪に巻き込まれる可能性がある。
3) 個人情報保護のためには，コンピュータセキュリティにも気を配る必要がある。
4) オンラインアンケートなどで個人情報を提供する場合は，必要な情報かどうかを慎重に判断する必要がある。
5) USBメモリなどの外部記憶装置に保存された個人情報が，盗難などによって流出する可能性もある。

2 知的財産

1 知的財産と知的財産権

知的財産とは

知的財産基本法では,「発明,考案,植物の新品種,意匠,著作物その他の人間の創造的活動により生み出されるもの(発見又は解明がされた自然の法則又は現象であって,産業上の利用可能性があるものを含む。),商標,商号その他事業活動に用いられる商品又は役務を表示するもの及び営業秘密その他の事業活動に有用な技術上又は営業上の情報」を知的財産と定義しています(第2条)。

知的財産権の種類

知的財産は,特許権や著作権などといった権利の形で,さまざまな法律によって保護されていますが,まとめて**知的財産権**と呼ばれています(かつては,知的所有権もしくは無体財産権とも呼ばれていた)。知的財産権は,電子化された情報を大量にコピーをしたり,配布したりすることが可能なディジタル情報社会では,特に重要な権利となっています。

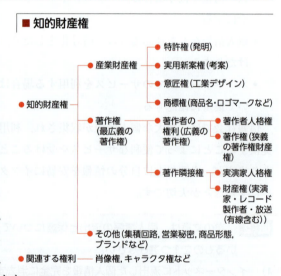

■ 知的財産権

- 知的財産権
  - 産業財産権
    - 特許権(発明)
    - 実用新案権(考案)
    - 意匠権(工業デザイン)
    - 商標権(商品名・ロゴマークなど)
  - 著作権(最広義の著作権)
    - 著作者の権利(広義の著作権)
      - 著作者人格権
      - 著作権(狭義の著作権財産権)
    - 著作隣接権
      - 実演家人格権
      - 財産権(実演家・レコード製作者・放送(有線含む))
  - その他(集積回路,営業秘密,商品形態,ブランドなど)
- 関連する権利 ── 肖像権,キャラクタ権など

知的財産権の二本柱は**産業財産権**(かつては,工業所有権とも呼ばれていた)と**著作権**です。そのほかにも集積回路の回路配置(回路素子や導線の配置パターン)などの知的財産を個別に保護する法律,営業秘密など不正競争防止法で保護される知的財産もあります。産業財産権には,「発明」を保護する**特許権**,「考案」を保護する**実用新案権**,「工業デザイン」を保護する**意匠権**,「商品名,ロゴマーク」などのトレードマークやサービスマークを保護する**商標権**がありま

す。いずれも産業の発達にかかわる知的財産を保護します。産業財産権は，特許庁に申請したり，登録することにより権利を得ることができます。

それに対して著作権は，基本的には小説・音楽・美術などの文化の発展にかかわる知的財産を保護するもので，届出の必要がなく，創作された段階で権利が発生します。また，著作物であることを示す©（コピーライトマーク）の表示も基本的には不要です。著作権法には著作者の権利のほかに，歌手などの実演家や放送局など，伝達者の権利である**著作隣接権**も規定されています。

関連するその他の権利

知的財産権のほかにも，法律上規定されてはいませんが，下記のようにディジタルコンテンツを利用する際などに考慮されるべき権利があります。

1) 人物の肖像に関する権利

- **肖像権**……自分の肖像（写真，絵画など）を他人に撮られたり使われたりしない権利で，個人の人格やプライバシーの保護が目的です。無断で他人の顔写真をWebページに掲載したり，メールで送信したりすると他人の肖像権を侵害してしまうことになります。
- **パブリシティ権**……タレントなど有名人の顔や姿などの経済的利益を保護する権利です。芸能人の写真をこっそり撮影し，その写真を無断でWebページに掲載したりすると肖像権の侵害だけでなくパブリシティ権も侵害してしまうことになります。

2) キャラクタ権，商品化権

著作権や意匠権が成立していなくても，有名な人形や動物などにはキャラクタ権があり，その商品化には商品化権が必要であると考えられています。

問 3 次の文章は，知的財産などについて述べたものである。正しいものを1つ選びなさい。

1) 営業上の情報は経済的な問題なので知的財産とはならない。
2) アイコンのような小さな画像でも無断でWebページに掲載してはならない。
3) 著作物には©マークを表示しなければならない。
4) テレビで知られている有名人の顔写真は自由に利用することができる。
5) スマートフォンのデザインはどれも似ているので意匠とはならない。

2 著作物と著作権

著作物とは

著作権法では，**著作物**を「思想又は感情を創作的に表現したものであって，文芸,学術,美術又は音楽の範囲に属するものをいう」と定義しています（2条）。つまり，著作権法で保護するものは「表現」であり，アイデアが具体的な形で表現されたときに保護されます。また，著作権法の10条に著作物が例示されています。

著作物	小説，脚本，論文，講演，音楽，舞踊，無言劇，絵画，版画，彫刻，建築，地図，図面，図表，模型，映画（動画，ビデオゲームなども含む），写真，コンピュータプログラムなどが該当

また，著作物を翻訳したり編曲したりして変形したものや，小説を映画化したり，海外の映画作品を日本語へ吹き替えたものは，**二次的著作物**と呼ばれています（2条，11条）。二次的著作物も，その利用が著作権法で保護されており，他人が利用する場合は著作者の許諾が必要になります。逆に，自由に使うことができるものもあります。事実のみを伝える報道など思想や感情が表現されていないものは著作物ではありません。法律などは著作物ですが，著作権は発生しません（13条）。

しかし，ニュースなどの報道は，事実を伝えるだけでなく新聞社や放送局の考えが入っている場合が多く，写真や映像はカメラアングルなどの創造活動が伴うため，通常は著作物になります。報道されたニュース記事を利用する場合は，出典を明記するなど著作権者の権利を尊重することが大切です。

著作権の起源

わが国の著作権法には，「（略）著作者の権利及びこれに隣接する権利を定め，これらの文化的所産の公正な利用に留意しつつ，著作者等の権利の保護を図り，もって文化の発展に寄与する」（1条）と定められています。つまり著作権法は創作者の意欲を高め，文化を発展させるため，また著作物をより多くの人たちが公正に利用できるように作成されているのです。

またこれまでに，内国民待遇（ベルヌ条約の加盟国の著作者は，他の加盟国においてその国の著作者と同等の保護を受けることができる）や無方式主義（権

利を得るために何らの表示も登録も必要としない)などを定めたベルヌ条約(文学的及び美術的著作物の保護に関するベルヌ条約，1886年)をはじめとして多くの条約や協定などが結ばれています。人間の知的営みの成果である著作物が，国際的に保護されるとともに公正に利用されているのは，これらの条約や協定が重要な役割を果たしているからです。

著作権の種類

著作権は，小説を書いたり，音楽を作ったり，絵を描いたりした時に，その作品の作者に与えられる権利です。たとえ幼い子どもが描いた絵や，メールの文章であったとしても，その作者が著作物を作ると同時に自動的に与えられます(無方式主義)。著作権には，下記のような種類があります(著作権法21～28条)。

複製権	著作物(一部を含む)を有形的に再製することを許諾する権利 大量生産される本やCDだけでなく，個人の行うコピーも対象
上演権，演奏権	著作物を上演・演奏したりする権利。演奏権は音楽を演ずる権利で，それ以外の著作物を演ずる権利は上演権
上映権	自分の著作物が何らかの画面に表示されることを許諾する権利
公衆送信権	テレビ・ラジオなどの「放送」，CATVなどの「有線放送」，などでの著作物の送信を許諾する権利。インターネットで利用者のアクセスに自動的に反応する「自動公衆送信」も含まれる
口述権	著作物を口頭で述べる権利
展示権	美術品や写真を展示する権利
頒布権	映画の著作物の複製物を頒布(有償・無償に関係なく公衆に譲渡または貸与)する権利(複製物を購入した者でもそれを転売，貸与できない。ただしゲームは映画とされるが転売できる)
譲渡権	著作物やその複製物が販売されるのを許諾する権利(映画を除く。複製物を購入した者はそれを転売できる)
貸与権	著作物やその複製物が貸与されるのを許諾する権利(映画を除く。複製物を購入した者はそれを貸与できる)
翻訳・翻案権	著作物から二次的著作物が作成されるのを許諾する権利
二次的著作物の利用権	他人が二次的著作物を利用するのを許諾する権利(二次的著作物と原著作物の両方の著作権者に権利がある)

■ 著作権(著作財産権)

著作者は，自分がもっている権利として，自分の作品を利用したい人に許可を与え(利用許諾)，その見返りに収入を得ます。例えば，小説家(著作者)が自分の作品を出版して販売したい場合，出版社と契約して**複製権**を与えます。出版社が大量に印刷して販売することにより，小説家および出版社は利益を得ることができます。複数の人が共同で制作し，誰がどの部分を作ったか分けられないような共同著作物は，著作者全員が権利を有することになります。したがって，著作権を主張する場合は，全員の合意が必要です(著作権法65条)。

このように，著作権(著作財産権)は著作物を創造した者の金銭的な利益を守るための権利であり，他人に譲渡したり，子や孫に相続させたりすることも可能です。著作権が保護される期間は，日本では著作者が著作物を創作した時から，死後70年間(正しくは，著作者が亡くなった年の翌年の1月1日から70年間)です。ただし，映画は，公表後70年間(創作後70年以内に公表されなかった場合は創作後70年間)保護されます(著作権法18～20条)。

■ 著作者人格権

思想や感情を表現した著作物を創作した著作者には，著作権のほかに，著作者の人格的精神的な面を保護するための権利として，**著作者人格権**が与えられます。

公表権	作品を公表するかしないかを決定する権利
氏名表示権	著作者名(実名，変名・ペンネーム，匿名)を表示するかしないかを決定する権利
同一性保持権	著作物の内容や題号を，無断で変更，切除，改変されない権利

この著作者人格権は，著作権を譲渡しても残ります。例えば，著作権を譲ってもらった著作物でも，それを創作した人(原著作者)が氏名を表示することをのぞめば，作品には氏名を載せなければなりません。

■ 著作隣接権

歌が流行するのは，その歌を歌手が歌ったり，音楽CDが作られたり，放送されたりするからです。実演家(歌手・演奏者・俳優など)，レコード製作者・(有線)放送事業者などは，作詞・作曲家が作った歌(著作物)を普及させる役割を果たします。これらの著作物を普及させる役割を果たす伝達者に与えられ

る権利が**著作隣接権**です。

　したがって，ラジオ放送局から流れているCDからの歌を無断で録音すると，作詞・作曲家の著作権だけでなく，歌手や演奏者，レコード製作者，ラジオ局すべての著作隣接権を侵害することになります。なお，放送事業者は，市販用CDなどが放送で使用された場合，実演家・レコード製作者に使用料金などを支払う義務があります（著作権法89〜104条の10）。

実演家	録音録画権，放送権，送信可能化権，譲渡貸与権，二次使用料請求権などをもつ
レコード製作者	送信可能化権，譲渡貸与権，複製権，二次使用料請求権などをもつ
放送事業者	放送権，送信可能化権，複製権，TV伝達権（街頭の大型TVでの放映）などをもつ

実演家のみ，実演家人格権（氏名表示権，同一性保持権）が与えられています。

■ コンピュータプログラムの著作権

　コンピュータプログラムそのものはもちろん，ソフトウェアの機能や外観，操作性も知的財産権で保護されている場合があります。また，ディジタルコンテンツも，製品を保持したままでのバックアップの作成といった限られた範囲のフェアユース（公正利用）以外では無断利用できません。これは，無料で利用できるフリーソフトでも同じです。

　なおコンピュータプログラムに関しては，プログラムの内部を公開する（オープンソース）など，著作権を一定の条件のもとで縮小した「コピーレフト」の考えに基づいて配布されているソフトウェアもあります。

問 4　次の文章は著作権について述べたものである。正しいものを1つ選びなさい。

1) 高校生が創作した小説や音楽は著作物である。
2) 法律にも著作権が生じる。
3) 著作権は，著作者が死亡した時点でなくなる。
4) 絵画の複製写真は，写真の著作物として保護される。
5) 著作権制度がない方が，作品を自由にコピーができて文化が発展する。

3 知的財産の正しい利用

著作権の制限

著作権の制度は，文化の発展に寄与することが目的に作られています。したがって，著作物の公正な利用を保障するために，著作権や著作隣接権が制限される場合があります。

私的使用のための複製（30条）	家庭内など，ごく限られた範囲で利用するために自分が複製する場合
図書館等における複製（31条）	国立国会図書館や法令で定められた図書館等などで一定の要件を守ることで，利用者の求めに応じて複写サービスを行うことができる
引用（32条）	公正な慣行に合致するものであり，自分の著作物に引用の目的上，正当な範囲内であれば他人の著作物を引用して利用することができる
学校教育に関する複製（35条）	学校などの教育機関においては「授業」のために必要と認められる限度において著作物を複製することができる

このほか，非営利な活動において映画の上映などが認められる場合があります。しかし著作物の利用には多くの条件があり，著作権法には著作権を侵害する者に厳しい罰則（119条）が設けられていますので，条件を満たしているかどうかを確認したうえで利用することが必要です。

著作物の適切な使用

著作権法で保護されている著作物は，個人や家族内など限られた範囲内での使用（これを**私的使用**という）する場合に，複製することが認められています。

テレビ番組をハードディスクやDVDに録画したり，音楽CDなどのディジタルコンテンツを購入したり，レンタルしたりして，それを個人的にCDに複製して，家族で視聴することは問題ありません。またコンピュータプログラムを，プログラムの原本商品を滅失した場合に備えて，事前に作成したバックアップを使用することは認められています。しかし，そうしたコピーを不特定の人

とファイル交換したりすると著作権侵害となります。また多くの映画DVDなどにかけられている，いわゆるコピープロテクトをはずしての使用は，私的使用目的であっても権利者の許可が必要です。

　従来，著作権が制限されていない場合でも，自由利用マークがあればその許可範囲においてコピーすることができるとされてきました。しかし，自由利用マークはあまり普及しなかったこともあり，現在では，作品を公開する著作者が「この条件を守ればわたしの作品を自由に使って構いません」という意思表示をするための方法の一つとしてクリエイティブ・コモンズ・ライセンスという国際的ルールで制定されたマークが使われてきています。

■ クリエイティブ・コモンズ・ライセンスのマーク

情報の違法コピー

　文字，音声，映像などのディジタルコンテンツはその質をまったく落とすことなく，同じものをCDやDVDに複製し，インターネット上での配布ができるため，違法コピーをしたものが絶えません。このように著作権を侵害する違法コピーは決して許されるものではありません。そのため，ディジタルデータとして表現されたコンテンツの著作権を保護し，その利用や複製を制御・制限する **DRM**（Digital Rights Management）という技術が開発されています。

　インターネットは，産業や文化を発展させるためのすぐれたメディアです。しかし使い方を誤れば，その発展は望めません。他人の知的財産を取り入れたい場合は，必ず権利者に連絡して，許諾をもらいましょう。そして，社会の発展のために各自が自覚し，知的財産を正しく利用するための知識と態度を身に付けましょう。

　また，情報機器の性能が向上し，動画を簡単に撮影することができるようになりましたが，上映されている映画を撮影・録画する行為も違法になります（映画盗撮防止法）。なお，書店で販売している書籍や写真集の一部を，スマートフォンのカメラなどで写真を撮る行為は，書店への迷惑行為となります。

■ インターネットの利用と知的財産

　知的財産などの誤った利用によって，著作権や他人の権利を侵害する加害者とならないために，次のような行為は決して行わないようにしましょう。

1）複製権・公衆送信権の侵害の事例

①他人のWebページの文章や画像を，無断で自分のWebページに載せて公開する
②CDやDVDの違法コピーをファイル交換する

　①は他人のWebページをコピーするので，複製権の侵害にあたります。さらに他人が作成した文章や画像をサーバにアップして不特定多数の人がダウンロードできる状態にする行為（送信可能化）は公衆送信権の侵害になります。他人の著作物を利用してWebページを制作したい場合は，必ず著作権者に連絡をとって許可をもらいましょう。ただし，写真や映像を撮影した際に，たまたま写りこんでしまった著作権で保護されている背景の絵や写真，音楽などを利用する行為は，著作権等の侵害になりません。

　②もほぼ同様で，このような行為で有罪になった高校生もいます。

2）著作権の侵害に加担する行為の事例

①インターネットの音楽（違法）サイトから音楽データをダウンロードする
②インターネットオークションに模造品（コピー商品）を出品する

　①は作詞・作曲家や演奏家の許可なしに，違法に音楽サイトを公開しているものもあります。その違法性を認識しながらダウンロードする行為は著作権法で罰せられます。

　②は模造品と知らせていても，その商品販売行為自体が権利者の利益を害することになり，不正競争防止法で罰せられます。

3）商標権・キャラクタ権の侵害の事例

自分のWebページに会社の商標やマンガのキャラクタを無断でコピーして公開する

　商標には，名称そのものと，商品やサービスを表すロゴマークがありますが，いずれも法律で保護されています。また，マンガのキャラクタの場合，著作権が成立しており，たとえ自分で真似をして描いたものであっても，Webページに載せる場合には権利者の許可が必要です。パロディを作成する場合も，同一性保持権の問題上，自由に作成・発表するわけにはいきません。

著作権や意匠権の成立していない人形や動物などの姿も無断使用するとキャラクタ権の侵害となります。またキャラクタが描かれているプリント生地を使用して大量にTシャツなどを生産販売すると，商品化権の侵害となる場合があります。

4）肖像権の侵害の事例

> 風景写真をWebページに取り込んで公表したが，見知らぬ人が大きく写っていた
>
> 風景の写真は問題ありませんが，個人が特定できるような写真をWebページに載せる場合，その人の許可が必要です。無断でWebページに載せて公開すると，**肖像権**を侵害することになります。

そのほか大量に違法コピーの配信を行うことや，著作物を公衆に直接受信させることを目的として権利者に無断でインターネット上にアップロードすると，複製権や公衆送信権を侵害することになります。また，第三者が共有フォルダから著作物のコピーをダウンロードできるようにした場合は公衆送信権の侵害となります。2012年の著作権法改正により，音楽や映像など違法にアップロードされた著作物を違法と知りながらダウンロードする行為に対して懲役2年以下，または200万円以下の罰金，あるいはその両方が適用されることになりました。違法にアップロードされた音楽や動画を安易にダウンロードすることは，他人の著作権を侵害し，罪に問われることになります。

問 5　次の文章は，知的財産の利用について述べたものである。正しいものを1つ選びなさい。

1） 購入したパソコンソフトのバックアップを取るのは違法である。
2） 映画DVDのプロテクトを無断ではずしてバックアップを取ってもかまわない。
3） テレビ番組を録画したDVDを，掲示板で「見たかった」と書いていた人に無償で送ってあげた。売ったわけでもないので問題ない。
4） 親友と一緒に写っている写真を，本人に無断でWebページに使ってもよい。
5） 他人が作った画像を無断で自分のWebページに載せて発信すると，複製権のみならず公衆送信権の侵害にもなる。

2章 章末問題

1 ◆次の文章の空欄を埋めて，文章を完成させなさい。

1) 個人情報のうち，氏名・住所・（ ① ）・生年月日は基本4情報と呼ばれている。
2) 産業財産権には，特許権，実用新案権，（ ② ），商標権がある。
3) タレントなど有名人の顔や姿などの経済的利益を保護する権利として（ ③ ）がある。
4) 著作権を保護される期間は，日本では著作者が著作物を創作したときから，死後（ ④ ）である。また，映画は，公表後（ ⑤ ）保護される。
5) 個人情報を収集する場合は，その（ ⑥ ）を明確にしなければならない。

2 ◆次の図の空欄を埋めて，個人情報の関係図を完成させなさい。

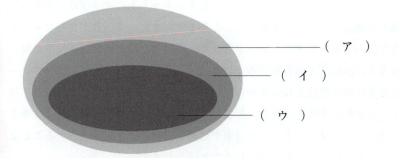

3 ◆次の文に最も関連する語句を下記の語群から選びなさい。

1) 家庭内など，ごく限られた範囲で利用するために自分が複製する。
　　　　　　　　　　　　　　　　　　　　　　　　　　（　　　）
2) 利用者の求めに応じて複写サービスを行う。　　　　　（　　　）
3) 著作物を制作するために，正当な範囲内で他人の著作物を利用する。
　　　　　　　　　　　　　　　　　　　　　　　　　　（　　　）
4) ディジタルデータとして表現されたコンテンツの著作権を保護し，その利用や複製を制御・制限する。　　　　　　　　　　（　　　）

語群　ア）図書館等における複製　　イ）DRM　　ウ）私的使用　　エ）引用

3章

ネットにおける
コミュニケーションとマナー

Information Ethics

　インターネットの普及は，私たちの生活に変化をもたらしてきました。とりわけ，電子メールの利用によるコミュニケーション形態の変化とWebの利用による情報の活用の変化が大きいといえます。一方，電子メールやWebを利用する場合には，マナーやルールがあり，その遵守を怠ると，他人に迷惑をかけたりトラブルに巻き込まれたりすることがあります。特にスマートフォンを利用したコミュニケーションのマナーやルールを守ることが求められています。
　この章では，まず，電子メールの仕組みを簡単に解説したのち，電子メールやメーリングリストの利用におけるマナーについて説明します。次に，Webの仕組みについて解説したのち，電子掲示板やSNSなど新しいコミュニケーションの特徴，そして，気を付けなければならない点について説明します。

1 電子メールによる情報の受信・発信

1 電子メールの活用

電子メールの仕組み

　インターネットを利用したコミュニケーションの代表的なものとして，電子メールがあります。電子メールはコンピュータやスマートフォンなどの通信端末を使って，即座にメッセージをやり取りすることができます。利用するには，プロバイダや携帯電話事業者などの接続業者への手続きをして，電子メールの送信や受信・保管をするメールサーバに，自分のユーザ名を登録する必要があります。

　電子メールをやり取りする仕組みは，郵便と似ています。送信者が，ユーザ名を登録したメールサーバに電子メールを送信すると，電子メールは，宛先のメールサーバに向けて，インターネット上に送られます。このような送信では，SMTPという通信プロトコル（通信手順）が使われます。

　電子メールを受け取ったメールサーバは，宛先のユーザ名が登録されていれば，届いた電子メールを受信者の私書箱であるメールスプールに蓄えておきます。電子メールを受信するには，メールサーバに接続して電子メールを受け取りに行きます。パソコンでは，電子メールを受信するためにPOPやIMAPという通信プロトコルが使われます。スマートフォンでは，電波の届く圏内であればメールサーバから自動的に送られてきます。

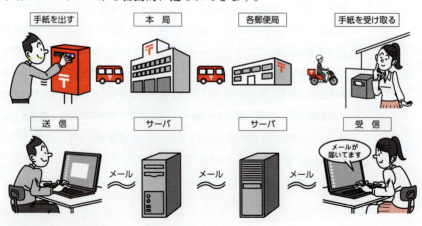

3章　ネットにおけるコミュニケーションとマナー

また，電子メールは宛先に届くまでに，いくつものルータの間をバケツリレーのように転送されます。もし，ネットワーク，ルータ，メールサーバにトラブルがあると，電子メールの到着が遅れたり確実に相手に届かなかったりする場合があります。返事を必要とするメールを送る場合は時間的に余裕をもつように心がけ，急ぐ場合は電話やFAXなど別の手段を用いることも必要です。

なお，電子メールの作成や送受信をインターネットのブラウザ（P.44参照）で行うシステムを **Webメール** といい，この場合はメールソフトは不要です。

メールアドレス

電子メールの場合，手紙の宛名と住所にあたるものが，ユーザ名とドメイン名で示された **メールアドレス** です。メールサーバは，指定されたドメイン名の電子メールを管理します。郵便では，郵便番号や住所に多少の間違いがあっても配達される場合がありますが，電子メールでは，メールアドレスを一文字でも間違えると，届けたい相手には届きません。

■

組織区分	意味
co	企業
go	政府機関
ac	大学など教育・研究機関
ed	学校など

問1 次の文章は，電子メールの特徴について述べたものである。正しいものを1つ選びなさい。

1) 電子メールを利用するには，メールサーバにユーザ登録する必要がある。
2) 電子メールはネットワークを介して送られるが，宛先を少しぐらい間違えても，最も似かよった宛先を自動的に探してくれる。
3) どんなサイズの電子メールを送っても，通信料金がかからず誰にも迷惑がかからないので問題はない。
4) 電子メールは途中に障害さえなければ瞬時に相手に届くので，相手からすみやかな返信を期待することができる。
5) 送信者と受信者のコンピュータや携帯端末が，通信回線でダイレクトにつながった状態でなければ，電子メールは送信できない。

2 電子メールの内容とマナー

電子メールの内容

電子メールの内容を正確に，わかりやすく相手に伝えるために，標準的な電子メールの書式や内容を元にして説明します。下の図は，ある電子メールの送信の例です。

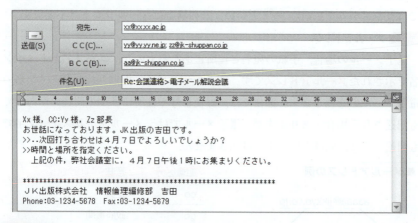

宛先

「宛先」から「件名」までの部分を，一般的にヘッダと呼びます。宛先を示す情報に，**TO**（上図の「宛先」），**CC**（Carbon Copy），**BCC**（Blind Carbon Copy）があり，どこにメールアドレスを書くかによって，その状況が異なります。その違いを考慮して，どこに誰のアドレスを書くかを判断しなければなりません。

- TO：メールを送りたい相手に対して用いる
- CC：TOの送信相手に対してこのような情報を送ったという連絡を行う場合に用いる
- BCC：すべての送信相手に，BCCの送信相手のメールアドレスがわからないような形式で電子メールを送る場合に用いる

BCCの受信者のメールアドレスは，TO，CCの受信者とほかのBCCの受信者には表示されません。これを利用して，相互には知らない多くの送り先に向けてお互いのアドレスを公開することなく，同じ内容の電子メールを一度に送ることができます。

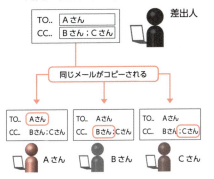
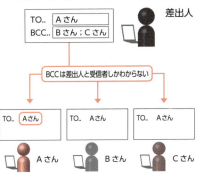

件名の付け方と本文の例

　受信者が電子メールを受信した場合，未読のメールは，送信者，**件名**（Subject），送信日付などのリストだけが表示されます。受信者はそれを見てから必要なメールを読むので，件名をわかりやすく表示することも大切なマナーの1つです。

　件名に何も書かれていない場合は，本文を読まなければ内容がわからないだけでなく，不審なメールと思われます。また，「こんにちは」や「〇〇です」なども適切ではありません。目的と用件が簡単にわかるような見出しを付けましょう。

　よい例：「連絡＞第3回生徒会開催案内」，「××についての依頼」
　悪い例：「連絡」，「こんにちは」，「依頼」などのような記述のみ

　左ページで示した例の本文は，吉田さんからXxさんにあてた会議時間の打ち合わせの返事です。Yyさん，Zz部長にも情報を知らせるために，元のメールを引用したうえで返事が書かれていて，ほかの人にも状況がわかりやすくなっています。

署名で送信者を明らかにする責任

　最後の部分は，**署名**（Signature）と呼びます。電子メールでは，本人であることを確認できるように，名前とともに所属や連絡先を書くのがマナーとなっていますが，相手が不明確な場合は，個人情報を記載しない方がよいでしょう。また，長すぎる署名も，文書全体が長くなるのでよくありません。

1　電子メールによる情報の受信・発信

電子メールのマナー

電子メールは，人と人をつなぐコミュニケーション手段です。相手に文字で意志を伝えるという点では手紙と同じですが，次のような電子メールのルールやマナーに注意しましょう。

① 一時的な感情に左右されることなく，受け取った相手の気持ちや状況を考える。
② 差別用語や，相手を誹謗・中傷するような用語は用いない。
③ 公序良俗に反する内容，脅迫的・感情的な内容にならないよう気を付ける。
④ 他人のプライバシーを尊重する。
⑤ 無意味な電子メールは送らない。
⑥ 受け取った電子メールを利用して，引用して返事を書くときは，どの部分に対する返事なのかがわかるように書いて送る。
⑦ 個人宛の電子メールを転送するときは，元の発信者の許可を得る。
⑧ 他人の電子メールを転送するときには，内容を変更しないようにする。
⑨ 長文を引用するような電子メールは，長くなりすぎるので避ける。

これ以外でも仲間内で了解しているだけのルールは，社会に出たときに通用しない場合があることを知りましょう。

メールの受信環境

電子メールを送信する場合，その電子メールを受け取る受信側の環境を知っておく必要があります。例えば，受信側のメールサーバは，通常は許容サイズが設定されています。このため，サイズの大きい画像ファイルなどを電子メールに添付して送ると，許容サイズを超えて受け取れない場合もあります。

相手がスマートフォンで受信する場合には特に気を付けましょう。

コンピュータで電子メールを送るときは，「①，②」や「Ⅰ，Ⅱ」などの**機種依存文字**は，受信側のコンピュータの機種によってはまったく異

なる文字で表示される（**文字化け**という）ので，使わないように心がけましょう。

また，ファイルを添付する場合も，送信する相手がそのファイルを開くことができるソフトウェアをもっていることを確認してから送るように心がけましょう。

スマートフォンの電子メール

本来，電子メールは受信者の都合のよい時に受け取ればよいという特徴がありました。しかし，携帯電話やスマートフォンの場合にはすぐに受信がわかるので，すぐに返事をしないといけないといった風潮が一部にはあるようですが，これは問題といえます。

スマートフォンでは，メールアドレスをある程度自由に作成することができますが，電子メールの生成規則の正規ルールに従わないものを認めていた会社もありました。例えば，@より前が「.（ドット）で始まる」「. で終わる」「. が連続する」などの場合は，同じ会社のユーザ間では問題がなくても，他社やPCメールの利用者との間で，電子メールが正しく送受信できないなどの問題があるので不適切です。

不適切な例

.aaa@xx.xx.ed.jp　　　aaa.@xx.xx.ed.jp　　　a..aa@xx.xx.ed.jp

問 2 次の文章は，電子メールの利用について述べたものである。誤っているものを1つ選びなさい。

1) 手紙やはがきと同様，親しき仲にも礼儀をもって書くことがのぞましい。
2) 知人から送られてきた電子メールの内容に関心をもっている友人を知っているので，そのまま転送して教えてあげた。
3) 気に入った写真やワープロで作成した文章などを添付して送る場合は，相手がそのデータを見ることができるかを確認しておく。
4) 大きなファイルを添付して送ると，受信者が電子メールを受け取れない場合がある。
5) 電子メールの文章には，機種依存文字は使わないようにする。

3 メーリングリストの活用

■ メーリングリストの仕組み

共通の話題や目的をもった仲間どうしで，同時に同じ内容の電子メールを複数の相手に送信する仕組みに**メーリングリスト**があります。メーリングリストとは，1つのアドレスに電子メールを送信するだけで，登録したメンバー全員にその電子メールが送られるシステムです。

何百人ものメンバーに会合の通知をする場合には，これまでは郵便を使っていましたが，はがきなどに印刷する場合は，手間や郵送料がかかりました。メーリングリストは，そのような問題がなく便利です。

■ メーリングリストのマナー

メーリングリストの利用にあたっては，グループで利用するための配慮が必要です。送られてきた会合の案内の電子メールに出欠の返事を書く場合，グループ全員に返事を送るかどうかは，グループが親しい少人数のものか，不特定多数の巨大なものかで違ってきます。返信機能を使って返事を書くと，返信先がメーリングリストアドレスに設定されていることがあります。返信先を送信者のアドレスにするか，メーリングリストアドレスにするかは，返信内容によって使い分けましょう。

メーリングリストを利用する場合の注意事項を以下に述べます。
① 個人宛（特に私信となる内容）の電子メールを，誤ってメーリングリストに送らないように注意する。
② メンバーを不愉快にする内容や，誹謗・中傷のたぐいの電子メールを出さないようにする。

③多くのメンバーが参加していることから，大容量の添付ファイルの送信など，受信者の環境の問題には，十分配慮する。

④転載可能と示されていない限り，メンバー内でかわされた内容を，無断でメンバー以外の人に送らない。

⑤メーリングリストのアドレスを，メンバー以外に知らせてしまうことのないよう注意する。

⑥電子メールに不必要な個人情報を書かないことが大切であるが，メーリングリストの場合には，多くの人に知られることになるので，特に注意する。

⑦メールアドレスを変更した場合には，すみやかに登録アドレスの変更手続きをとる。

⑧旅行などで，長い期間，電子メールを読めない場合は，一時的にメーリングリストの配信をとめる。

なお，他の通信手段で一斉送信する場合でも，メーリングリストのマナーと同じようなことがいえます。インターネットの普及により，文字や音声はもとより，静止画や動画が短時間にやり取りできるなど，コミュニケーションの手段が変化し多様化してきました。電子メール・メーリングリスト・電子掲示板・チャットなどでコミュニケーションをとるときは，それぞれのコミュニケーションツールの特徴を理解して行う必要があります。

問3 次の文章は，メーリングリストの利用について述べたものである。正しいものを1つ選びなさい。

1) メーリングリスト内の情報を広く伝えるため，その内容をほかのメーリングリストに転送してもよい。
2) メーリングリストを用いて出された会合への出欠の返事は，必ずメンバー全員にする。
3) メーリングリストに情報を書く際に信用を得るためには，個人情報を記載した署名を入れる。
4) メーリングリストのアドレスを，無断でメンバー外に教えてはいけない。
5) しばらく電子メールが読めない場合でも，特に何もしなくてもよい。

2 Webページによる情報の受信・発信

1 Webページの構成と活用

■ Webページの仕組み

WWW（World Wide Web）は，インターネット上のWebページを閲覧するサービスです。**Webページ**は，Webサーバに保存されている情報で，Webサーバは，インターネットを通じてブラウザから閲覧の要求があったときに，その**ブラウザ**にデータを送信します。閲覧の要求は，**URL**（Uniform Resource Locator）で指定します。URLはインターネット上のデータの住所のことです。

URLの構成は，例えば，

　　　　http://www.jikkyo.co.jp/index.html

の場合，［http］はサーバとデータをやり取りする方式を表します。ほかに，https，ftpなどがあります。［://］に続く［www.jikkyo.co.jp］は，Webサーバのホスト名（またはIPアドレス）で，世界に1つしかありません。そのあとにディレクトリ名，ファイル名と続きます。ファイル名を指定しない場合，既定のファイル名（多くの場合，index.htmlまたはindex.htm）が指定されたとみなされます。

URLを指定すると，ブラウザは，指定したホスト名のWebサーバに，指定したファイルの送信要求を出します。要求を受け取ったWebサーバが，指定されたファイルをブラウザに送信して，閲覧者はその内容を見ることができます。Webサイトのトップページやブラウザを起動したときに最初に表示されるページを**ホームページ**と呼びます。

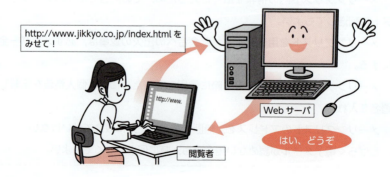

リンク

　Webページが印刷物と大きく異なるのは，**リンク**でつなぐという概念です。文字や画像などの画面上に表示された部分をクリックすることで，関係するほかのWebページに移動することができます。これは**ハイパーリンク**とも呼ばれ，関連する情報のページに即座に移動できる仕組みであり，印刷物にはまねのできない，情報が電子化されてはじめて実現される技術です。

　リンクは，自分の管理するサイトのWebページにつなげるのはもちろんのこと，他人の管理するWebページにつなぐこともできます。

　リンクによって数多くのWebページが，お互いに有機的につながっています。これがWeb（蜘蛛の巣）といわれるゆえんです。

情報を生活に活かす

　インターネット上の膨大な情報の中から，必要な情報を探し出すことを**情報検索**といいます。日常生活の中で情報を活用するためには，ある分野や特定の情報について調べる際に，その内容を扱う企業・学校・自治体などのWebページに，**検索エンジン**で直接アクセスするのも1つの方法です。図書館では，コンピュータを使った蔵書検索をするのが一般的になりました。書名・著作者名・出版社名などを入力すると，ただちに目的とする図書が検索されます。

　また，それぞれの分野や話題について，関連するWebページへのリンクをまとめたWebサイト（**リンク集**）もたくさんあります。これらのWebサイト（リンク集）は，作った人が有用と判断したものを集めているので，それらを用いることにより，日常生活に必要な的確な情報を簡単に得ることができるようになっています。

問4　次の文章は，Webページについて述べたものである。正しいものを1つ選びなさい。

1) Webとは「波」のことで，「ネットサーフィン」ということばもこれに由来する。
2) Webページの閲覧には，ftpと呼ばれる専用のソフトが必要である。
3) ブラウザは，受信したデータをそのまま表示する。
4) ファイル名を指定しない場合，ファイル名として，「index.html」，または，「index.htm」が指定されたことになる。
5) 文字にはリンクでつなげるが，画像にはリンクでつなぐことはできない。

2 受信者への配慮

デザインと見やすさ

　Webページは,「他人に見られることが前提となっている」といっても過言ではありません。世界中に発信する必要性のない情報であったとしても,誤解なく伝えたいという気持ちは誰にでもあるでしょう。自己満足に終わることなく,閲覧者に読まれるWebページを作成するためには,「表示にかかる時間」,「画像・写真と文字のバランス」などに注意する必要があります。

　URLの指定をしてから表示までに非常に時間がかかるページは,すべての情報が表示されるまで,閲覧者が我慢できなくなる可能性があります。表示に時間がかかるのは,大容量の画像や動画を伴うページであることが多いようです。制作者は,スマートフォンでの閲覧が多くなっている現状では,受信者の環境や通信容量に対する配慮が必要です。

　逆に,画像や写真がなく文字だけで構成されたページは,表示の時間にはほとんどストレスを感じません。しかし,画面一杯にビッシリ文字が表示されていると,これもまたよい印象を与えるとはいえません。また,リンクを次々にたどっていったときに,自分がいったい,今どこにいるのかわからなくなることがあります。こうしたことは,全体と部分の構成がつぎはぎで,思いつきで構成されたWebページに起きやすいようです。

　見やすいページを作るためには,以下のことに注意する必要があります。

1) 画像・写真の使い方
   - 必要最小限の大きさで表示する
   - 必要であれば,拡大表示リンクを付ける

2) 文字の使い方の工夫
   - 段落や箇条書きを使って,わかりやすく記述する
   - キーワードや主張したいところは,強調する,色をかえるなどの工夫をする

3) 画面の構成
   - メインのページとリンク関連ページの整理をする
   - 目次やほかのページへのリンクを表示して,受信者が迷子にならないようにする

■ Webアクセシビリティ

　世界中の閲覧者の環境を想定することは不可能ですが，少なくとも「自分と同じ環境の閲覧者ばかりではない」ということは忘れていけません。苦心してデザインした画面でも，モニタの解像度が異なるだけで，表示がくずれてしまうことがあります。少なくとも，代表的なブラウザを用いて，意図した通りの表示になるかどうかを確認しておく必要があります。

　また，視覚障がい者がWebページにアクセスすることを想定して，画像の代わりに表示される代替文字の設定が不可欠であり，代替文字は「map」などというあいまいなものではなく，「○○駅から本社までの地図」のように，具体的なものである必要があるでしょう。また，代替文字とは別に，その画像の中身を，テキストで説明した部分も必要になります。Webページの制作において，このような **Webアクセシビリティ** に対する配慮が必要です。

○○駅から本社までの地図

　また，年齢，言語，身体能力などに関係なく，あらゆる人が利用しやすいように最初から考えて設計することを，**ユニバーサルデザイン**といいます。Webページの制作においても，このような観点からの配慮も大切です。

問 5 次の文章は，Webページのデザインについて述べたものである。誤っているものを1つ選びなさい。

1) Webページに大容量の画像や写真などを配置すると，表示に時間がかかる。
2) Webページを文字だけで構成するときでも，文字の色やサイズをかえたり，段落の切れめに空白行を入れたりして読みやすくする。
3) リンクをたどっていくうちに迷子になったりしないような構造を考え，またいつでもトップページに戻れるようなボタンを用意しておく。
4) 画像が表示されない状況などを考え，その場合に表示される代替文字の設定をしておく。
5) 自分が利用しているブラウザで正しく表示されれば，ほかのどんなブラウザでも同じように表示されることが保証されている。

3 ネット上のコミュニケーション

1 電子掲示板の活用

電子掲示板によるコミュニケーション

　ネット上でのコミュニケーションでは，おもに文字でメッセージをやり取りします。その中でも，**電子掲示板**（BBS）は，多くの人が共通の話題について話し合えるサービスです。開設者や参加者が社会問題や面白い話題などをテーマに決めて，それに沿って参加者が書き込んだり，ほかの参加者の書き込みに返事をすることで，コミュニケーションを深めることができます。ある程度の量の文章を書き込めるので，情報交換や議論の場に利用されます。参加者に制限がある個人運営のものから，誰もが自由に閲覧・発言できる大規模なものまで，規模や運営方法はさまざまです。書き込みは，発言順に時系列で並べたり，書き込みどうしの関係がわかるように並べて表示できるので，書き込みの流れをさかのぼることができます。

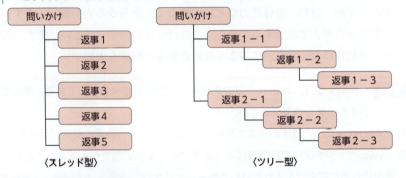

■電子掲示板の表示形式（スレッド型とツリー型）

電子掲示板での問題

　電子掲示板の多くは匿名でも参加できるので，年齢・性別などの違いを越えたコミュニティが作られています。しかし，文字中心のやり取りのために気持ちが十分伝わらず，参加者どうしの感情的なトラブルが起こることもあります。その結果，相手を侮辱する内容を書き込んでわざと怒らせるような行為に発展することもあります。

　また，匿名性を悪用して，誹謗中傷や自分勝手な発言を繰り返して迷惑をか

ける荒らし行為や，デマや犯行予告を書き込む行為も問題となっています。

たとえ軽いいたずらのつもりでも，その結果，多くの人々に大きな迷惑をかけ，その内容によっては業務妨害罪や脅迫罪で訴えられることもあります。

■ 円滑なコミュニケーションのためには

ほかの参加者に対する配慮も忘れてはいけません。読む側の気持ちをよく考えて書き込むことを意識しましょう。コミュニティ特有のルールやマナーを守って参加しましょう。

① トップページなどのわかりやすい場所に，掲示板の運用方針や書き込むときの注意が記載されているので，よく読んで理解しておく。
② 過去の書き込みにも目を通し，話の流れや雰囲気に配慮する。
③ 発言するときには，その内容に責任をもつ意味でもハンドルネーム（書き込み者のニックネーム）を記入する。
④ 1つの掲示板で複数のハンドルネームを使い分けることは，混乱の原因となるのでやめる。
⑤ 初めて書き込むときには簡単な自己紹介からはじめる。ただし，個人情報の公開には十分に注意する。
⑥ 他人の個人情報を書き込まない。場合によっては，プライバシーの侵害として法的に訴えられることにもなるので気を付ける。
⑦ 他人を誹謗・中傷する発言や乱暴な言葉づかいは避ける。場合によっては，名誉毀損として法的に訴えられる可能性がある。また，自分に対する誹謗・中傷などの発言は無視し，管理人に削除を依頼する。
⑧ 宣伝を目的とした書き込みや広告行為などは，利用規定で認められていない限りは行わない。

問 6 次の文章は，電子掲示板でのコミュニケーションの注意点について述べたものである。誤っているものを1つ選びなさい。

1) 電子掲示板を使えば一度に大勢の人と情報交換することができる。
2) 一度の書き込みだけで自分の考えをすべて伝えられるとは限らない。
3) 書き込んだ内容によっては，法的に訴えられる場合もある。
4) 電子掲示板で発言するときは，過去の書き込みを参考にするとよい。
5) 電子掲示板を荒らすような発言には，きちんと反論しなくてはいけない。

2 SNSによるコミュニケーション

参加者のつながりを意識したサービス

インターネットの利用者が増えるにつれて，電子掲示板以外のWeb上の新しいコミュニケーションが活発になっています。最近では，個人が発信した情報を不特定多数に向けて公開し，ほかの参加者が返信しやすくする機能を用意することで，参加者全体で情報を素早く手軽に共有できるサービスが注目を集めています。参加者どうしのつながりをうながしたり，お互いの関係を視覚的に把握することもできます。パソコンだけでなくスマートフォンからも利用でき，無料で誰でも参加できるのも特徴です。

SNS

SNS（Social Networking Service）は，利用者がお互いの趣味や出身地などのプロフィールを公開しあいながら，友人・知人間のコミュニケーションを深めたり，利用者どうしの新たなつながりを作りやすくすることを目的とした，会員制のコミュニティサービスです。自分のプロフィール情報や写真を公開したり，SNS上で交流のある友人・知人関係を管理したり，日記を書いたりして，テーマごとの掲示板でほかの利用者と交流できます。

最近では，SNSでのゲーム機能が注目を集めて利用者数が増加し，会員制のサービスとはいえ一般に公開しているのと変わらない状況となりました。会員制だからプライバシーが守られていると安心せず，プロフィールや日記の公開範囲を適切に設定するなど，個人情報の管理には気を付けましょう。また，利用するのに追加料金が必要な機能もあるので，十分な注意が必要です。

ブログ

ブログ（ウェブログ）は，電子掲示板とともに，インターネット上の代表的なコミュニケーション手段です。書き込んだ文章や画像を時系列に並べて発信でき，それに対する読者の反応を簡単に受け取ることができます。元は，インターネットで見つけたニュースやほかのWebページへのリンクでつないで論評をするものでした。現在では，日記などの個人的な用途，グループ内のコミュニケーション，企業や有名人・政治家の広報活動など，幅広い目的に活用されています。

ブログには，次のような特徴があります。

- Webページを制作するための専門的な知識がなくても利用できる
- 内容の追加や削除など,すべての操作がブラウザ上だけでできる
- コメントやトラックバックなどのコミュニケーション機能が豊富である

　トラックバック機能は,別のブログへのリンクを書き込んだときに,リンク先の相手に対してそのことを通知する仕組みで,ブログの最も大きな特徴です。特定の話題を取り上げたブログどうしがトラックバックによって相互につながることで,1つのコミュニティが作られます。しかし,特定の意見だけがインターネット上で誇張される危険も伴います。無差別にトラックバックして自分のブログに誘導しようとする迷惑行為もあります。また,ブログの開設者の行動や発言がきっかけで,非難や誹謗中傷のコメントが大量に集中する事態も問題となっています。

■ **トラックバックの仕組み**

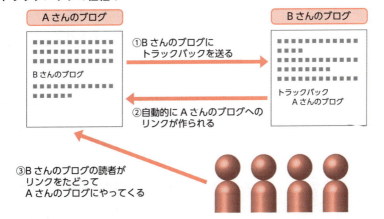

＜ウィキ(wiki)＞

　参加者が共同して情報を作成できる場として,ウィキ(wiki)が活用されています。閲覧できれば誰もが,どこからでも,ブラウザ上での操作だけでWebページを作成・編集できるのが特徴です。見知らぬ人どうしが集まり,特定の話題に関する情報を収集・整理してまとめたり,百科事典を作成するのに利用されています。ただし,作成者が充分な知識をもっていることを確かめるのは難しいので,内容の信憑性には十分注意する必要があります。また,誰もが編集できるので,急に情報が書き換えられたり削除されることもあります。

ツイッター

ツイッター（Twitter）は，140字以内の短い発言や画像を，ほかの利用者と共有できるサービスです。書き込んだ発言は自分専用のページに時系列で表示されますが，他人の発言を追跡する機能を使えば，友人や知人だけでなく，著名人や見知らぬ人でも，ほかの利用者の発言を自分専用のページに表示できます。もちろん，自分の発言をほかの利用者が追跡することもあります。独り言のような文章でも気軽に発言できたり，気に入った発言を手軽にほかの利用者に知らせることができるので，注目を集めています。また，自分や追跡している人の発言が，時系列に並んで表示されリアルタイムに更新されるので，大きなイベントがあるときには，一緒に参加しているような一体感を得られるのが醍醐味です。

ツイッターは，個人間の情報共有や企業の広報などに利用されていますが，事件や事故のときには現場の状況をリアルタイムに伝えるメディアのような役割を果たすこともあります。地震などの災害では防災情報や救難・避難情報を伝えるのに役立ったこともあります。その一方，ツイッターが公の場所であることを忘れて，個人情報を発言したり，自らの不正行為・犯罪行為を発言してしまう利用者もいます。また，デマや不確かな情報を信用してしまって，ほかの利用者に広めてしまうことも問題になっています。こうした情報を受け取ったときは，まず冷静になって，情報の真偽を確かめる態度が大切です。

LINE

LINEは，チャット（トーク）や無料通話など，リアルタイムのコミュニケーションが行えるサービスで，文字を使わずにスタンプだけでコミュニケーションをとっている場合も多くなっています。LINEでは，1対1だけでなく，グループでメッセージのやりとりができます。受信者がメッセージを読めば，送信者の画面には**既読**になったことが表示されます。そのため，届いたらすぐに既読にして返事をしなければならないと思い，スマートフォンを手放せないといった問題もあります。

スマートフォンに登録されている電話帳を利用して，電話番号から手軽に友人とのつながりを作ることができます。便利ですが，一方で，電話帳のデータからの個人情報流出が問題となっています。

画像や動画の共有サイト

画像共有サイトであるインスタグラム（Instagram）では，スマートフォンで撮影した写真にフィルターを用いてさまざまな効果を加え，投稿することができます。自分自身の写真の保存用として，また，PRのため芸能人の間でも利用されています。

動画共有サイト（動画投稿サイト）は，ほかの利用者がビデオカメラで収録し投稿した動画や自主制作した映像作品を，利用者どうしで共有して視聴できるサービスです。企業や政党なども広報活動に利用しています。また，パソコンに接続したカメラやスマートフォンのカメラで撮影したイベントなどを，インターネットを経由して手軽に生中継できるサイトもあります。動画投稿は新しい情報発信の手段ですが，録画したテレビ番組や本の中身を撮影した映像を，著作権者の許可なく勝手に投稿する著作権侵害も起こっています。また，人物が映り込んだ写真や映像を投稿するときは，肖像権の侵害に注意しましょう。

動画共有サイトへの投稿

問 7 次の文章は，Webによる新しいコミュニケーションでの注意点について述べたものである。誤っているものを1つ選びなさい。

1) SNSに掲載した写真が，勝手に別のWebページで利用される危険性がある。
2) 見知らぬブログからのトラックバックで作られたリンクは，むやみにクリックしてはいけない。
3) ツイッターで伝えられた救難情報は，すぐに警察や消防署に通報する。
4) SNSでは，公開するつもりがない個人情報は，プロフィールに登録しない。
5) 動画共有サイトには，著作権上問題のある動画が投稿される場合がある。

3章 章末問題

1 ◆次の文章の空欄を埋めて，文章を完成させなさい。

1) 電子メールの送信や受信・保管をする（ ① ）に，自分の（ ② ）を登録する必要がある。電子メールの送信では，（ ③ ）という通信プロトコルが使われ，電子メールの受信では，（ ④ ）やIMAPという通信プロトコルが使われる。

2) ブラウザに（ ⑤ ）を指定すると，ブラウザは指定したホスト名の（ ⑥ ）に，指定した（ ⑦ ）の送信要求を出す。要求を受け取った（ ⑥ ）が，指定された（ ⑦ ）をブラウザに送信して，閲覧者はその内容を見ることができる。

3) 視覚障がい者がWebページにアクセスする場合を想定して，画像の代わりに表示される（ ⑧ ）の設定を行う。Webページの制作において，このような（ ⑨ ）に対する配慮が必要である。また，あらゆる人が利用しやすいように最初から考えて設計することを，（ ⑩ ）という。

2 ◆次の文に最も関連する語句を下記の語群から選びなさい。

1) 日記などの個人的な用途，グループ内のコミュニケーション，企業や有名人・政治家の広報活動などに活用されている。　　　　（　　）

2) テーマに沿って，おもに文字でメッセージをやり取りするネット上のコミュニケーション手段である。　　　　（　　）

3) コメントやトラックバックなどのコミュニケーション機能が豊富である。
　　　　（　　）

4) 140字以内の短い発言や画像を，ほかの利用者と共有できるサービスである。　　　　（　　）

5) 友人・知人間のコミュニケーション，趣味・好みが同じ利用者間のつながりを作りやすくすることを目的としたコミュニティサービスである。
　　　　（　　）

6) 同じ電子メールを複数の相手に一度に送信する仕組みをいう。
　　　　（　　）

語群　ア）SNS　　イ）ブログ　　ウ）ツイッター　　エ）電子掲示板
　　　オ）メーリングリスト

4章

情報社会における生活

Information Ethics

　インターネットの普及は，私たちの日常生活に利便性をもたらし，生活を大きく変化させてきました。例えば，携帯電話の登場により，急速に電子メールの利用が増え，コミュニケーションの形態が多様化しました。また，携帯電話やスマートフォンを利用して，Webサイトの情報も街なかで手軽に活用できるようになりました。

　この章では，インターネットの登場によるさまざまな生活の変化を，身近な生活と社会生活に分けて解説します。身近な生活では，スマートフォンの普及による生活の変化や健康面への影響について説明します。社会生活では，電子美術館や遠隔教育，医療・福祉やビジネスの分野でのインターネット活用を紹介します。さらに，ネット上でのトラブルや匿名性の悪用など，ネット社会で問題となっている事柄も取り上げます。

1 身近な生活における情報

1 スマートフォンの利用による変化

携帯電話の登場

　持ち歩くことができる**携帯電話**は，1970年代より開発が始まりました。その後，業務のために自動車などに搭載して通話するものが普及しました。そして，1980年代には肩からさげるタイプのものや1kg程度の重さがある機種が発売され，1990年代には小型化が進み，ポケットに入れて持ち歩けるくらいの大きさのものが発売されました。そのころの携帯電話は通話と電話帳程度の機能でしたが，1990年代に液晶ディスプレイが搭載されたことから通話機能に加えてメッセージの送受信ができるようになりました。

　1999年にはインターネット接続によるWeb閲覧ができるようになりました。その後，カメラが搭載されQRコードを読み込むことができるようになったり，テレビの視聴や音楽の再生ができる機種が開発されました。

　このように携帯電話は通話機能から始まりさまざまな機能を加えて進化し，携帯電話という電話の機能より追加された機能が重要になり「**ケータイ**」と呼ばれるようになってきました。

　さらに，パソコンと同等の機能をもち，携帯電話より画面が大きな**スマートフォン**と呼ばれる通話ができる情報通信機器が普及してきました。スマートフォンは，タッチパネル型のものが多く，直観的な操作ができることが特徴です。スマートフォンも，携帯電話事業者と契約することにより，音声通話やデー

携帯電話からスマートフォンへ

タ通信を行うことができます。携帯電話事業者によってさまざまなプランが設定されており，利用形態にあわせて適切なものを選択することができます。

■ スマートフォンの特徴と生活の変化

スマートフォンではアプリのインストール（追加）やアンインストール（削除）なども容易にでき，パソコンとスケジュールやメールなどを同期することや，情報の検索・管理が簡単になったため，わたしたちの生活スタイルは大きくかわってきました。

スマートフォンを利用して，ゲームを楽しんだり，音楽や動画を視聴したりすることができます。また，インターネット接続サービスを利用して，飛行機・鉄道などの切符の予約，ホテル・旅館の宿泊予約，銀行などのオンラインサービス，旅行情報，地図情報，ショッピングなど，その携帯性を活かして，さまざまなことに利用されています。さらに，GPS機能を利用したナビゲーションや位置情報ゲームなど，これまでなかったサービスが次々と追加されています。

スマートフォンはカメラで撮影した写真をそのままメール送信したり，SNSに文章とともにアップロードしたりすることができ，情報発信や情報共有などを円滑に行うことができます。

■ スマートフォンを利用するときの注意点

わたしたちのまわりには，心臓ペースメーカーなどの医療機器を付けている人がいます。スマートフォンの電波は，それらの機器に誤作動を起こさせるなどの影響を及ぼす恐れがあり，多くの公共交通機関で，優先席付近などで混雑している場合には，電源を切ることを指示されます。また，飛行機の離着陸時などは，電波を発信する電子機器の操作が法令で禁止されている場合もあります。法令などで使用を禁止されているところでは，法令を遵守しましょう。

場所を選ばず利用できるスマートフォンですが，混雑した電車内や映画館，病院など，人の多く集まるところでは電源を切り，使用しないようにしましょう。また，必要に応じて，マナーモードなどに設定し，着信音が鳴らないようにして周りに配慮しましょう。

スマートフォンの画面に表示される情報も大変多くなっていますので，歩行中などに利用すると注意が散漫になります。特に，歩きスマホは危険を伴う行為であり，しないようにしましょう。

スマートフォンを利用した生活では，いつでもどこでも電話をかけることが

1　身近な生活における情報

でき，メッセージを送ることができます。その反面，必要のない連絡をやみくもに続けたり，相手の都合を無視して連絡をしたりする問題も指摘されています。さらに，メッセージを送り合うことが常態化し，スマートフォンを手離せなくなって生活に支障をきたす依存なども問題になっています。こうした新たな問題に対応するために，必要に応じた使い方を考えていく必要があります。

また，スマートフォンで写真を撮影した後，簡単にSNSなどに投稿することができますが，スマートフォンのGPS機能によって位置情報を画像ファイルに自動的に追加することができます。このような設定になっていると，旅行先などで撮影した写真がもとで，プライバシー情報が漏洩したり，自宅などで撮影した写真がもとで，自宅住所を知らない人に知られてしまったりする場合もあります。カメラ機能の設定などで「位置情報を追加しない」にするなどの対策が必要です。

さらに，スマートフォンは携帯電話通信網とWi-Fi通信網を利用することができるため，情報通信の経路が複雑です。また，さまざまなアプリケーションが提供され自由に追加や削除をすることができます。こうしたことは，コンピュータウイルスが感染する可能性が高くなる原因となり，パソコンと同様に，ウイルス対策ソフトウェアをインストールし，バックアップなどの頻度も高くする必要があります。

スマートフォン等に関する法律

　携帯電話・スマートフォンを利用する生活に関する法律として，携帯電話不正利用防止法，青少年インターネット環境整備法などが定められています。

　携帯電話不正利用防止法（携帯音声通信事業者による契約者等の本人確認等及び携帯音声通信役務の不正な利用の防止に関する法律）は，振り込め詐欺など携帯電話を不正に利用した犯罪を防止するために，携帯電話の契約時の本人確認義務や携帯電話の無断譲渡の禁止を定めた法律です。

　青少年インターネット環境整備法（青少年が安全に安心してインターネットを利用できる環境の整備等に関する法律）は，18歳未満の青少年を暴力や薬物，性的な情報などのインターネット上の有害情報から守ることを目的に作られた法律です。2009年4月1日から施行され，携帯電話事業者やインターネット接続事業者は，利用者が青少年の場合は**フィルタリング**のサービスを行い，サイト運営者は青少年が有害な情報を閲覧しないように努力することが定められています。

　また，道路交通法では，携帯電話等を操作しながら自動車を運転することが禁じられています。また，多くの都道府県の条例で，携帯電話等を操作しながら自転車を運転する行為も禁止されており，道路交通法の安全運転義務違反になる可能性もあります。

問1　次の文章は，スマートフォンの利用について述べたものである。誤っているものを1つ選びなさい。

1) 多くのスマートフォンは，Wi-Fi通信網に接続することができる。
2) 青少年がスマートフォンを購入する際は，フィルタリングのサービスを受けることが定められた法律がある。
3) スマートフォンはアプリの追加や削除が容易にできる。
4) スマートフォンは，セキュリティ対策は十分に取られている。
5) スマートフォンのインターネット情報サービスは有料のものと無料のものがある。

2 生活スタイルの変化

ユビキタス社会の到来

　わたしたちは，インターネットや携帯電話が普及する前は，旅行を計画するときには旅行代理店に，コンサートなどのチケットを予約・購入するときにはチケット販売代理店に，買い物をするときには百貨店や商店街に，出かけていました。

　今では，航空券や鉄道の乗車券，コンサートのチケット，買い物の代金などをインターネット上で支払うこともでき，残高照会や振り込みなどができる**ネットバンキング**も一般的になってきました。また，電子マネーの利用が可能なコンビニエンスストアやショッピングモールなどが増え，オンラインショッピングでの支払いが電子マネーでもできるようになってきています。

　スマートフォンにGPS機能が搭載され，自分のいる位置を地図上に表示したり，通信相手に自分の位置を伝えたりできるようになりました。さらに，家電製品をネットワークに接続して，外出先のスマートフォンから遠隔操作することができるようになってきています。このようなネットワークに接続できる通信機能を備えた家電製品のことを**情報家電**（ディジタル家電）といいます。

　このように，いつでも，どこでも，誰でも情報機器を使える**ユビキタス社会**が到来しつつあるといわれています。

■ IoTとAIが創る未来

　コンピュータやスマートフォンだけでなく，自動車，家電，ロボットなどあらゆるモノがインターネットにつながり，データを送受信する **IoT**（Internet of Things）の時代が到来しつつあります。IoTからビッグデータを収集し，コンピュータを用いて高速に処理し，**AI**（Artificial Intelligence：**人工知能**）の技術によって，役立つ情報を取り出せるようになってきました。IoTとAIの技術の発達は，私たちの生活のさまざまな分野で，安心・安全な社会づくりに貢献することが期待されています。例えば，道路状況，人や他の車などの周辺を認識して，信号や制限速度などのルールに従いながら自動走行を行う技術も実用化されつつあります。一方で，AIの出現により，従来あった仕事をコンピュータやロボットが行うようになり，人の働き方も大きく変わっていくといわれています。

■ 勤務形態の変化

　ICT（Information and Communication Technology：**情報通信技術**）の進展に伴い，**テレワーク**（telework）という場所や時間にとらわれない働き方が広がりつつあります。テレワークは，雇用型と自営型に分類されます。雇用型は，自宅で仕事をする在宅勤務，顧客先や移動中にオフィスと連絡をとりながら働くモバイルワーク，勤務先以外のオフィスを利用する施設利用型勤務に分けることができます。自営型には，自宅や小規模な事務所で仕事をする **SOHO**（Small Office Home Office：ソーホー）があります。テレワークの導入により，企業の生産性の向上，仕事と育児・介護との両立，通勤が困難な身体障がい者の雇用などが期待されています。

> **問 2**　次の文章は，インターネットなどの普及による生活スタイルの変化について述べたものである。誤っているものを1つ選びなさい。

1) インターネットやスマートフォンが普及したため，テレビ，ラジオ，雑誌などのメディアから情報を得ることがなくなった。
2) スマートフォンのGPS機能により，通信相手に自分の位置情報を正確に伝えることができるようになった。
3) インターネットの普及で，必要な情報を簡単に得ることができるようになった。
4) 電子メールの普及により，文字によるコミュニケーションが増加してきた。
5) テレワークが普及すれば，都市部へ通勤することを少なくすることができる。

3 健康面への影響

身体への影響

家庭や学校・職場において、パソコンやインターネットを利用する時間と作業量が増加しましたが、それにつれて、身体にも各種の悪影響が出てくるようになりました。

まず、コンピュータの画面を長時間眺め続けていることによる眼の疲労があげられます。長期にわたると視力低下や、ひどい場合には視力障がいを引き起こすこともあります。対策は、画面に向かう時間を制限し、適度に休憩したり、ほかの作業に切りかえたりして、長時間続けて目に負担をかけないようにすることです。

また、コンピュータを長く使い続けることによって、首・手・腕・腰などに過剰な負担がかかり、いろいろな障がいを引き起こすことがあります。肩こりや背中・腰の痛みなどが一般的ですが、キーボード入力がおもな仕事である人の場合は、指や手首などに深刻な障がい（腱鞘炎など）が起こることもあります。

首の自然な湾曲が失われ、頭痛や肩こりの原因となるストレートネックという症状をひき起こすこともあります。

対策としては、適度な休憩をとりながら仕事を進めることですが、ディスプレイやキーボードを机・椅子の高さも含めて適正に配置し、常によい姿勢で仕事をすることも大切です。

ネット依存症

インターネットを通して利用するオンラインゲーム（おもに大規模多人数参加型のロールプレイングゲーム）やSNS、動画などに熱中する人が増えています。このような人たちの中には、インターネットを使っていないと強い不安を感じて、インターネットの使用をやめられなくなる人がいます。このような症状を、**ネット依存症**といいます。

インターネットに依存して長時間オンラインゲームなどに没頭し，日常生活に支障が出てくると，**ネット中毒**とも呼ばれます。それが原因で，学校を中途退学したり，会社をやめてしまったりする人もいます。このような事態にならないようにするには，本人が気付いて，ネット依存症から抜け出す努力をすることが重要ですが，家族など周囲の者が早く気付いて，カウンセリングを受けさせながら精神的に支えることも大切です。また，スマートフォンなどでも同じような中毒症状が現れることがあるので，注意が必要です。

また，インターネットに限らず，コンピュータやゲーム機などの情報技術の使用をやめられなくなることがあります。このような症状を，**テクノ依存症**といいます。このようになった人は，指示した通りに正確に動作するコンピュータに過度の信頼感をいだいてしまい，思い通りにならない人間関係を避けるようになることがあります。

一方で，新しい情報メディアに対して不安や恐れをいだいてしまい，コンピュータやインターネットを使うことに苦痛を感じるようになることがあります。このような症状を，**テクノ不安症**といいます。このようになった人は，仕事などでコンピュータやインターネットを使うこと自体がストレスの原因になってしまいます。新しい情報メディアに対する不適応症状だといえます。これは，職場の情報化によって，仕事にパソコンやインターネットを急に使わなければならなくなった人に多く見られます。

テクノ不安症とテクノ依存症は，コンピュータやインターネットを使用することによる心への影響として知られており，**テクノストレス**と呼ばれます。

> **問 3** 次の文章は，コンピュータやインターネットの健康面への影響について述べたものである。誤っているものを１つ選びなさい。

1) 長時間休みなくコンピュータを使っていると，眼に大きな負担がかかる。
2) コンピュータやインターネットを使っていないと不安を感じる状態をテクノ不安症という。
3) コンピュータを過度に信頼して，人間関係を避けるようになる人がいる。
4) テクノ依存症は，新しい情報メディアに対して過度に適応した症状である。
5) インターネットの長時間の使用が習慣になって日常生活に支障がある状態を，ネット中毒という。

2 社会生活における情報

1 情報社会の新しい文化

新しい文化の利点

インターネットを利用することで，いつでもどこからでも電子書籍を購入したり，電子図書館・電子美術館・電子博物館を利用したりできるようになりました。

電子書籍は電子化された書籍データのことで，パソコンやスマートフォン，専用の携帯読書端末などで読むものです。電子書籍の出版（電子出版）は，印刷・製本の費用がかからないので，販売部数が少なくても読者に安い価格で提供することができます。また，Webサーバ上の電子文書を読者が閲覧するWebマガジンや，登録した読者に電子メールを使って届けるメールマガジンもさかんになっています。

電子図書館は，ネットワークを通して，図書の検索・閲覧をできるようにしたシステムです。独自の検索システムをもつ図書館が多いのですが，検索用のWebページからインターネットを通じて誰でも利用できるようにしているところもあります。電子化された文書には，本のように紙質の劣化を心配する必要がなく，音声読み上げや点字翻訳を自動的にできるなどの利点があります。

電子美術館・電子博物館は，絵画などの所蔵物をディジタル画像化し，Webページで閲覧できるようにしたシステムです。無料で開設されていることが多く，インターネットを通して誰でも気軽に利用できるようになっています。電子美術館・電子博物館であれば，その場に出かけることなく鑑賞することができ，向きを変えたり持ち上げたりすることができない美術品であっても，電子化された3D画像ならあらゆる角度からその姿を見ることができます。また，世界に1つしかない貴重な美術品や発掘品を大切に保管しておくことができ，展示による破損や劣化を避けることができます。

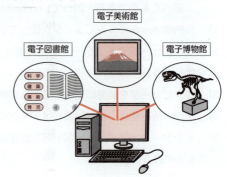

新しい文化の問題点

電子メディアに記録された文書や画像は，著作権の問題が生じることがあります。電子図書館では，論文などの学術書，企業・官公庁・公共団体が発行している無料の冊子，もしくは著者の死後70年以上たって著作権が消滅した文学作品などがおもに扱われています。電子書籍の多くは，ダウンロードしたパソコンや携帯読書端末以外にはコピーできない仕組みにしています。電子美術館・電子博物館にも同じ問題があるので，美術品などに対する著作権保護の対策として，**電子すかし技術**を利用して不正コピーを監視しているところもあります。

ディジタルデバイド

インターネット上の有用な情報に，コンピュータを自分で操作して直接アクセスできる人と，そうでない人とでは，活用することのできる情報に大きな差が生じます。このような差により生じる社会的・経済的な格差を**ディジタルデバイド**（Digital Divide：**情報格差**）といいます。ディジタルデバイドは大きな社会問題であり，その解消は重要な課題です。その解消には，すべての人がインターネットにアクセスできる**情報インフラ**（通信路や情報機器）を整備することと，利用するすべての人がコンピュータなどの情報機器を操作する技能と，情報メディアの特徴を理解したうえで情報を有効に活用する能力を身に付けることが必要です。しかし，身体障がい，経済的理由などのために，コンピュータやインターネットを通しての情報の受発信が困難な人たちがいます。このような人たちにどのような支援をして，情報格差を解消していくかも，今後の重要な課題です。

問 4 次の文章は，情報社会の新しい文化について述べたものである。誤っているものを1つ選びなさい。

1) 電子図書館では，論文などの学術書を閲覧することができる。
2) 電子書籍であれば，販売部数が少なくても安い価格で読者に提供できる。
3) Webマガジンは，登録した読者に電子メールを使って届けるものである。
4) 電子すかし技術を利用して不正コピーを監視している電子美術館がある。
5) 動かすことができない美術品を3D画像にして，あらゆる角度からの姿を見られるようにした電子美術館がある。

2 学習環境の変化

ICTの活用と遠隔教育

　近年のICTは，めざましく発展しています。次々に新しい情報機器やソフトウェアが開発され，それにあわせてコミュニケーションの方法や学習の方法も変化していきます。

　コンピュータやインターネットなどの電子技術を利用した学習形態の総称をeラーニング（e-Learning）といいます。仕事に必要な新しい知識を便利に効率よく学習することができるので，企業などでの教育研修でも利用されています。インターネットを利用したeラーニングには，Webページ，電子メール，電子掲示板などが用いられます。

　Webページは学習内容を提示するために用いられることが多く，学習内容をまとめた動画が提示される場合もあります。また，テスト形式でなく，繰り返し解答できるドリル形式の問題もよく利用されます。電子メールは，指導者と学習者との間の連絡や，学習者どうしの連絡に利用されます。チャット（ビデオチャット）は気軽なコミュニケーションの場として，電子掲示板は公開討論の場として利用することができます。インターネットを利用して簡単にテレビ会議を行うことも可能で，相手の顔を見ながら話し合うことができます。

　また，指導者と学習者が離れた場所にいて行われる教育を遠隔教育といいます。この方法では，衛星通信やインターネットなどを用いて映像や音声が送受信され，遠く離れている学校や海外の学校とも交流授業を行うことが可能となります。

eラーニングによる学習

　米国では，はやくからインターネットを用いた遠隔教育が行われています。インターネット上で遠隔教育を行っている学校をインターネットスクール（あるいは，サイバースクール）といい，公的な学校として運営され，正規の卒業資格を取得できるところも多くあります。

　日本の高校には，インターネットを通して学習できる通信制高校があります。また，フリースクールとして不登校児童・生徒のための在宅学習を遠隔教育で行っているインターネットスクールがあります。それらの中には，eラーニングを利用して在宅で学習し，高校卒業資格を得られる学校もあります。

日本の大学・大学院では，インターネットを通じての学習・研究だけで卒業できるところがあります。また，全国の各大学で生涯学習を目的とした公開講座が行われていますが，これをインターネット上で開講しているところもあります。

　インターネットを通じてより高度で専門的な教育を提供する大学もあります。インターネットに接続できれば，仕事や家事などと両立させながら，いつでもどこででも繰り返して学習することができるeラーニングは，**生涯学習**には欠かせない手段です。

　パソコンやインターネットなどの情報技術が進歩・普及したことで，学習のための環境がととのってきました。誰でも利用できる生涯学習のための理想的な学習環境が，今現実のものになろうとしています。

　情報社会でよりよく生活するために，また，仕事をより正確で迅速に進めるために，常に学んでいく必要が生じます。生涯学習の中で，情報技術の重要性が強調されるのは，このような社会的背景のためです。

問 5　次の文章は，インターネットを用いた遠隔教育について述べたものである。誤っているものを1つ選びなさい。

1) 指導者と学習者が，常時，対面して行われる教育のことである。
2) 学習内容は，Webページで提供されるのが一般的である。
3) 学習者と指導者との連絡には電子メールが使われるのが一般的である。
4) 学習者どうしの討論には，電子掲示板などが用いられるのが一般的である。
5) 学習者が指導者の顔を見ながら話をすることもできる。

3 医療・福祉・公共サービスの変化

医療・福祉への活用

　患者の映像情報などを送って，遠隔地から診断・指示などの医療行為を受けるシステムを**遠隔医療**といいます。遠隔医療システムでは，例えば，専門医のいる病院から遠隔地の診療所や自宅にいる患者の診察をオンラインで行うことができ，その病院へ行かなくても高度な医療を受けることができます。また，医療機関と家庭間の遠隔医療は，在宅医療支援の一環として，寝たきりの高齢者の精神的介護や状況の定期的観察などにも活用できます。

　医療分野のIT化として，**オーダリングシステム**の導入や，**電子カルテ**の普及促進があります。オーダリングシステムは，これまで医師が紙に書いていたオーダ（検査内容や処方箋）を電子化することで，それ以降の診療から医事会計に関わる処理・業務を迅速化させ，病院業務の省力化とサービス提供の時間短縮をめざすものです。電子カルテは，医療機関の相互接続によって各個人の生涯電子カルテとして共有することができ，時間や空間の制約のない医療スタッフへの迅速かつ正確な情報の提供，連携先医療機関とのより効率的なチーム医療，省力化による医療コストの削減，患者へのサービスの向上などに寄与することができます。

　福祉分野においても，福祉行政のサイトやインターネット福祉相談室があります。これまで，活動の範囲が制限されがちだった障がい者も，インターネットの普及により，パソコンを活用した「自立」と「社会参加」が可能になりました。外出が困難であっても，そのハンディは非常に少なくなり，自宅にいながら仕事をすることができます。また，障がい者を支援する各種団体のサイトもあり，生活するうえで必要な情報も発信されています。

公共サービスの変化

　Webページでは，官公庁・地方自治体・公共機関などもさまざまな情報を発信しています。わたしたちは，これらのWebページから，行政・公共サービスなどの情報を簡単に手に入れることができます。

　地方自治体では，観光・物産・イベントなどの紹介を行っています。また，Webページを住民からの意見募集や行政に関する意見交換や議論の場として利用する自治体も増えてきました。さらに，行政がインターネットで防災や防

犯情報を発信しています。

　回線障害の影響を受けにくいインターネットの特質から，災害時の利用が期待されています。災害時の情報の適切な管理と利用，情報配信のシステム構築が，今後の重要な課題となります。

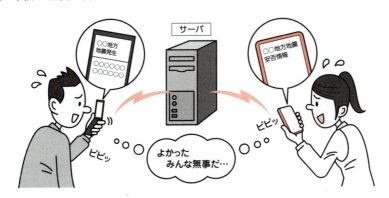

　電力・ガス・水道・通信などの公共サービスにおいても，インターネットを利用して，引っ越し時の各種手続きなどができるようになってきています。鉄道・バス・飛行機などの交通機関では，Webページを利用して時刻表や運賃の確認，指定席の予約などができるようになってきています。公共機関のすべてがWebページを公開しているわけではありませんが，公共サービスに対する意識の高まりにつれて，その数は確実に増えています。

　政府の行政機関の情報を総合的に検索，案内するシステムとしては，総務省行政管理局の「**e-Gov（イーガブ・電子政府**の総合窓口）」があります。このシステムでは，各省庁が提供している行政情報を国民が有効に活用することができるよう，総合的な検索・案内サービスを提供しています。

問 6　次の文章は，インターネット利用における医療・福祉・公共サービスの利点について述べたものである。誤っているものを1つ選びなさい。

1) 障がい者の活動範囲が広がる。
2) 医療相談などに利用できるので，遠隔地と都市圏の格差が少なくなる。
3) 育児相談などには利用できないので，相談所などに行かなくてはならない。
4) 福祉施設・福祉機器・福祉行政などの情報を利用することができる。
5) 行政機関の情報を総合的に検索・案内するサービスがある。

4 ビジネスの変化

電子商取引

　電子ネットワークを用いて行われるいろいろな形の商取引を**電子商取引**といいます。電子商取引は，近年，急速な伸びをみせてきました。電子商取引は，取引を「誰が」「誰と」行うかによって，以下のように分類されます。

1) 企業－企業「B to B」（Business to Business）
　企業どうしがネットワークを通して，原材料の調達や製品の受発注などの取引を行うもので，取引にかかる費用（コスト）を削減することができます。

2) 企業－個人「B to C」（Business to Consumer）
　企業と個人との取引で，インターネットを通して品物やサービスを購入する「**オンラインショッピング**」に代表される形態です。インターネットやスマートフォンの家庭・個人への急速な普及に伴って，オンラインショッピングを行う人の数や件数も増えています。

3) 個人－個人「C to C」（Consumer to Consumer）
　インターネットが個人に普及したことによって，誰もが「売ります・買います」情報をインターネットに発信して，売り手と買い手が直接取引を行うことが可能になりました。特に，インターネットを介して売りたい品物を競売（せり）にかける**ネットオークション**は人気があります。

　電子商取引が普及するためには，安全性の確保や取引にかかわる法や社会制度の整備などが必要です。**特定商取引に関する法律**（特定商取引法）では，消費者が申し込みをする際に内容の確認と訂正ができるようにすることが定められています。また，電子消費者契約法では，事業者は契約内容を確認して訂正できるようにする画面を設けるなど，操作ミスを事前に防止するための措置を講じなければならないとされています。このような措置がないときは，消費者はミスがあっても契約を無効とすることができます。

オンラインショッピングなどの利用上の留意点

　オンラインショッピングやネットオークションを利用する人が増加するとともにそれらの取引に伴う種々のトラブルも多く発生するようになりました。具体的な問題点としては，次のようなものがあります。

- 商品を注文して，代金を支払ったにもかかわらず商品が届かない

- 商品を送ったにもかかわらず，代金を支払ってもらえない
- 相手の連絡先がわからず，メールを出しても返事がこない
- 受け取った商品が偽ブランド商品や粗悪品であった

このようなトラブルの被害者にならないようにするためには，

- オンラインショッピングやネットオークションの仕組みについて，利点と問題点を理解したうえで注意深く利用する
- 相手の会社・個人名，住所，電話番号などが明記されていないなど，信用できないサイトは避けて，信用できるサイトだけを利用する
- 支払いや配達，返品，交換などについての方法や条件を相互に確認し，あいまいにしない
- 相手サイトとの取引の詳細な記録を保存しておく

などの点に留意することが大切です。特に，実際のフリーマーケットのように不用品を出品したり購入したりできる「フリマ」と呼ばれるWebサイトやアプリの利用が広がっています。スマートフォンから簡単に利用できる反面，トラブルがあった場合は当事者間で解決するのが原則であるため注意が必要です。

問 7 次の文章は，電子商取引について述べたものである。正しいものを1つ選びなさい。

1) インターネット上で個人がお互いに取引を行うことは禁じられている。
2) オンラインショッピングは現実の店での買い物より安全である。
3) ショップについての情報が明記されてないサイトでの買い物は避けた方がよい。
4) 電子商取引における安全性の確保や取引にかかわる法や社会制度が完備しているので，安心して電子商取引を利用できる。
5) ネットオークションを利用すると，品物をいつも現実の店より安く手に入れることができる。

3 ネット社会におけるトラブルと犯罪

1 インターネット上での有害情報や違法行為

■ インターネットにあふれる有害な情報

　インターネット上の情報は有益なものだけでなく，わいせつ，暴力など犯罪につながる情報や，自殺や差別など倫理的に問題とされる情報も多くあります。こうした**有害情報**は，何度も接するうちに，社会的な問題を感じなくなったり，価値観がゆがめられたりする可能性があります。そして，インターネットというバーチャル（仮想）空間だけでなく，実際の生活にも影響を与えてしまう場合があります。実際に，インターネットで得た有害情報が実生活に悪影響を与え，社会的に問題となる事件のきっかけになったケースがあります。

　また，成人には有害とはいえなくても，子どもには有害な情報があります。思春期の子どもに対して正しい性の理解を妨げる性表現，子どもを暴力行為や犯罪行為に誘う暴力表現，成人向けのギャンブルや出会い系サイトの広告などです。インターネット上では，子どもがこれらの情報に接する機会が日常生活より多くあり，容易にそれらを入手できるので，特に注意する必要があります。

■ インターネット上での違法行為

　インターネットには，時間や場所に関係なく，実名を使わずに同時に大勢の人と交流できるという特徴があり，上手に活用することで，社会生活はより便利で豊かなものになります。その一方で，インターネットの特徴を悪用したり誤用したりして，違法行為をする人がいます。例えば，次にあげる行為は違法行為です。

- 他人を侮辱したり名誉を毀損したりする内容を，電子掲示板に書き込む
- 殺人や爆破などの犯行予告を，電子掲示板に書き込む
- 個人的に録画したテレビ番組を，動画投稿サイトにアップロードする

■ 違法物の販売

　偽ブランド品，市販の音楽CDやソフトウェアなどの海賊版の作成・販売は，インターネット上においても知的財産権を侵害する行為です。市販の音楽CDの楽曲やDVDの映画，テレビ放送された番組などを，ファイル共有ソフトを使って配布することも同様です。それらを，違法にコピーされた著作物と知っ

てダウンロードすることも違法行為です。

　また，違法な薬物や，武器などの危険物は，販売だけでなく所有することも法律で厳しく規制されています。これらの違法物を扱ったWebページにはかかわらないことが大切です。

ネット上での詐欺

　ネットオークションで架空の商品を出品して代金をだまし取る行為は，代表的なネット詐欺です。電子メールで架空請求をする詐欺もあります。また，Webページ上で不用意なクリックを誘って不当な料金請求をする**ワンクリック詐欺**や，企業からのメールを装って偽のWebページに誘導し，個人情報やクレジットカード情報を入力させる**フィッシング詐欺**もあります。最近では，確認のクリックを複数回誘うことで，うっかりミスだったと言い訳できないようにした巧妙な手口（ツークリック詐欺など）もあります。

問 8　次の文章は，インターネット上のトラブルに関して述べたものである。誤っているものを1つ選びなさい。

1) インターネット上の有害情報は実生活に影響を与える可能性がある。
2) 成人には有害とはいえなくても，子どもには有害な情報がある。
3) Web上の音楽や映像を，違法にコピーされた著作物と知ってダウンロードすることは違法である。
4) メールのURLをクリックしたらインターネットサービスの料金を請求されたので，すぐに支払った。
5) プロバイダから指定したパスワードの変更を求めるメールが届いたが，プロバイダのWebページを見たらそのような事実はなかったので，変更しなかった。

2 インターネット上でのトラブル

インターネットでの出会い

　ネットワークを通じて見知らぬ人と知り合いになることができるのは，情報社会の特徴の1つです。インターネットの特徴である高い匿名性を利用すれば，パソコンや携帯電話の画面を通して，誰とでも気軽に出会うことができます。しかし，高い匿名性が犯罪につながる場合もあります。インターネット上で見知らぬどうしが出会う場所を提供する**出会い系サイト**は，未成年が被害者となる犯罪の温床となったり，凶悪な事件の原因となったりしています。本当の自分の姿を隠して相手と連絡することができるため，悪意をもつ人物にとって都合がよい場所となっているのも事実です。

　18歳未満の者が出会い系サイトを利用した犯罪に巻き込まれるのを防ぐために，**出会い系サイト規制法**（インターネット異性紹介事業を利用して児童を誘引する行為の規制等に関する法律）が制定されています。この法律は，18歳未満の者の出会い系サイトの利用の防止と出会い系サイトによる性的犯罪被害の防止のための法律ですが，このようなサイトに自ら近付かないようにすることが最善の防止策です。また，異性との出会いを目的としないSNSやコミュニケーションサイトなどが，出会い系サイトの代用として使われることがあり，18歳未満の被害者が多いことにも注意が必要です。

ネットストーカー

　社会問題となっているストーカーは，執拗なつきまといや迷惑行為・暴力的な行為を繰り返す人たちです。インターネットの中でも同じような問題を起こす人たちを**ネットストーカー**といいます。実社会と違って，直接的な接点のない他人に対しても，ストーカー行為を行えることが特徴です。

ネットストーカーが生まれる原因には，大きく分けて次の3つが考えられます。
- 恋人や友人などの親しい人に対する感情や，一方的な恋愛感情のもつれ
- 電子メールや電子掲示板上でのコミュニケーションのトラブル
- 単なるいたずら心や愉快犯的な動機，または確信犯的な誤った正義感

ネットストーカーによる被害には，大量にメールを送りつけられたり，勝手に個人情報や私生活をネット上に公開されたり，被害者になりすましてメールや掲示板で勝手に発言するなど，さまざまな手口があります。

このような被害を事前に防止するには，次のような対策が考えられます。
- 個人情報（住所・氏名・電話番号・写真など）は，原則としてネット上で公開しない。地名や人名など個人を特定できる情報の公開は慎重に行う
- 電子掲示板やチャット，電子メールでの言葉づかいには注意する。特に，ほかの参加者や有名人を中傷する発言は避ける
- メール友達やチャット仲間と実際に会うときは，保護者に相談したうえで，場所や時間帯に十分配慮する（ネット上での人格が，実際の人格と異なる場合もある）

もし，実際に被害に遭った場合は，保護者や学校の先生などに相談しましょう。また悪質な場合は，警察に届け出るようにしましょう。**ストーカー規制法**（ストーカー行為等の規制等に関する法律）では，手紙や電話だけでなく，内容によっては電子メールやSNSメッセージによるつきまとい行為も違法となります。また，プロバイダは，**プロバイダ責任制限法**（特定電気通信役務提供者の損害賠償責任及び発信者情報の開示に関する法律）に基づき，被害者に必要な情報を開示しなければなりません。

問9 次の文章は，インターネット上のトラブルについて述べたものである。誤っているものを1つ選びなさい。

1) 出会い系サイトの情報は偽って記入されている可能性がある。
2) 出会い系サイトで18歳未満の者を紹介することは法律によって禁じられている。
3) インターネット上のトラブルを防ぐためには，個人情報を原則として公表しない。
4) 掲示板やチャットでのコミュニケーションでは，相手のことを考えて発言する。
5) ネットストーカーの被害に遭った場合は，必ず自分で解決をする。

3 匿名性の問題と対策

匿名性とは

　自分の顔や名前を隠すことを匿名といい，匿名で発言したり行動したりしやすい状況を**匿名性**が高いといいます。インターネットの匿名性は完全ではないが，高い匿名性があります。しかし，相手が自分を誰だかわからないからといって，別人になりすましたり，無責任な発言をしたりすることが許されるわけではありません。匿名でのコミュニケーションは，互いに相手が誰だかわからないからこそ，対面でのコミュニケーション以上に誠実さが必要になります。また，匿名であっても，個人的な書き込みを合わせると，誰が書いたものかがわかってしまう場合があります。SNSで友人だけなど公開範囲を限定していても，ネットに出した写真や情報がその後どのように扱われるかはわかりません。

　インターネットにおける匿名性を正しく理解して，匿名性を誤用して加害者にならないようにするとともに，匿名性を悪用する人がいることに注意して被害者にならないように身を守ることも大切です。

ネットいじめ

　インターネットを使って行われるいじめを，**ネットいじめ**といいます。ネットいじめには，電子掲示板やSNS，ブログなどを使って，相手に対する誹謗・中傷などを書き込むものと，電子メールを使って，うわさ話をチェーンメールにしたり別人になりすまして嫌がらせのメールを送ったりするものがあります。いずれも，精神的に大きな苦痛を与え，人間不信に陥らせる悪質な行為です。

　いじめは，どんな場合でも許されることではありません。いじめる者が，いじめる理由として口にする「いじめられる者にはいじめられる原因がある」や「ムカついたから」は理由になりません。見て見ぬふりをすることも問題です。ネットいじめを見つけたら，すぐに家族や先生に相談し，できるだけ多くの人たちと一緒に解決することが大切です。

ネット犯行予告

　電話や郵便を使った犯行予告は以前からありましたが，インターネット上の電子掲示板や電子メールなどを使った**ネット犯行予告**が最近になって増えています。特に，10代，20代の若者によるネット犯行予告が増加しています。犯行予告があると，犯行予告した者がそれを実行するつもりがあるかどうかに関

係なく，警察が出動したり業務や行事が中止されたりします。そのため，犯行予告は，それだけで脅迫罪または業務妨害罪となり得る違法行為です。

　ネット犯行予告には，模倣犯が多いという特徴があります。2008年に，ネット犯行予告をした後に，予告通りに歩行者天国で無差別殺人を実行したという事件がありました。その直後からネット犯行予告が急増しました。逮捕や補導された者の多くは未成年者で，その中には小学4年生の女児もいました。社会的に未熟な若者が真似をして犯してしまいやすい行為だといえるでしょう。ネット犯行予告は，多くの人々に多大な迷惑をかける悪質な行為であると同時に，逮捕や補導の対象となる違法行為であることを理解する必要があります。

ネットパトロール

　インターネット上に犯行予告や，ネットいじめのような誹謗・中傷が書かれていないかを監視する活動を，**ネットパトロール**（サイバーパトロール）といいます。教育関係者や警察によるネットパトロールは，これらの問題となる書き込みの発見に一定の成果を上げています。また，特定の電子掲示板に書き込まれたネット犯行予告を自動的に見つけるWebサイトも作られています。

　現実の社会であれば，警察官が町を巡回したり，パトカーが走ったりしていると人目に付き，犯罪の抑止力として機能します。しかし，ネットパトロールは，抑止力としてはなかなか機能しません。インターネット上ではパトロールしていることが見えません。

3　ネット社会におけるトラブルと犯罪

インターネット上で犯行予告をする者にとっては，捕まってみないと，捕まることを実感できないというインターネット特有の事情があるからです。

■ 架空請求

実際の利用の有無にかかわらず，サイトの管理者や債権回収業者を名乗って，有料アダルトサイトやツーショットチャットの情報料などを請求する電子メールやはがきなどを不特定多数の個人に対して送りつけ，金銭を振り込ませる犯罪行為が横行しています。このような犯罪行為を，架空請求と呼んでいます。

このような脅迫的な架空の請求に対し，不安やかかわりたくない気持ちから一度でも支払ってしまうと，さらに高額な金額の請求を受ける可能性があります。また，振込先には架空口座が使用されていることが多いため，一度支払ってしまうと，お金を回収することは困難です。

架空請求の被害に遭わないようにするためには，身に覚えのない請求には絶対に応じず，無視することです。また，こちらから連絡をとると，悪質業者にさらに個人情報を与えることになって請求がエスカレートするので，執拗な請求があっても絶対に連絡しないことです。これまで請求を無視したために，自宅や職場に債権回収が実行された事例は報告されていないようですが，もし脅迫や悪質な取り立てを受けた場合は，消費者センターや警察に相談しましょう。

また，悪質業者が裁判所に「少額訴訟」を起こすケースもありますが，この場合は，裁判所からの呼び出しに応じず出廷しなければ，悪質業者の訴え通りの判決が出てしまうことになるので，まずは警察に相談しましょう。

なりすましによる詐欺

匿名性の高い情報メディアでは，容易に別人になりすますことが可能です。別人になりすますことだけで違法になるとは限りませんが，通常，別人になりすますことには理由があり，他人に金銭的な損害を与えたり精神的な損害を与えたりするなど，違法行為に至ることが多い行為です。

特に，実在または架空の会社になりすまして，詐欺行為が行われることがあるので注意が必要です。情報料などの代金をだまし取ったり，オンラインショッピングのIDとパスワードや，クレジットカード番号を盗み，それらを使って高額商品を購入したりする手口があります。

なりすましによって行われる詐欺行為は，インターネットが使われるものばかりではありません。携帯電話などが使われる「振り込め詐欺」があります。振り込め詐欺では，親族，子ども，友人，警察官，弁護士になりすまし，お金を振り込ませます。振り込みの口実としては，交通事故による示談金・保釈金，誘拐による身代金，医療事故の示談金，借金の返済などさまざまです。悪質かつ巧妙なものになると，実在する息子・娘・孫の氏名，生年月日，居住地などについて語ることもあるので注意が必要です。

問10 次の文章は，匿名性となりすましに関する問題について述べたものである。正しいものを1つ選びなさい。

1) インターネット上の発言は匿名性が高いので，他人のことを気にせず自由に発言してもよい。
2) インターネット上の発言は匿名性が高いが，警察が調べれば書き込みをした者を特定することができる。
3) インターネット上で殺人予告しても，実際に行動しなければ逮捕されることはない。
4) 架空請求を受けた場合は，どのような場合でも無視する方がよい。
5) ある高齢者は，子どもから「借金返済のためすぐに10万円を指定の口座に入金してほしい」との連絡があったので，子どもに確認の電話をせずにすぐ入金した。

4章 章末問題

1 ◆次の文章の空欄を埋めて，文章を完成させなさい。

1) インターネット上の有用な情報に，自分で直接アクセスできる人とそうでない人との間に生じる社会的・経済的な格差を（　①　）という。
2) 指導者と学習者が離れた場所にいて行われる教育を（　②　）といい，コンピュータやインターネットなどの電子技術を利用した学習形態の総称を（　③　）という。
3) インターネットを用いて行われる商取引を（　④　）という。
4) インターネットに接続できる通信機能を備えた家電製品を（　⑤　）という。
5) コンピュータやインターネットを使うことに苦痛を感じたり，過度に適応してやめられなくなったりすることを（　⑥　）という。
6) 自分の顔や名前を隠すことを（　⑦　）といい，（　⑦　）で発言したり行動したりしやすい状況を（　⑧　）が高いという。
7) インターネット上に違法な書き込みがないかを監視する活動を（　⑨　）という。

2 ◆次の文に最も関連する語句を下記の語群から選びなさい。

1) 送った電子メールからニセのWebページに誘導し，個人情報やクレジットカード番号などを盗む。　　　　　　　　　　　　　　　（　　　）
2) インターネット上に個人情報をさらしたり誹謗・中傷を書き込んだりして，精神的に大きな苦痛を与える。　　　　　　　　　　（　　　）
3) Webページ上で不用意なクリックを誘って不当な料金請求をする。
　　　　　　　　　　　　　　　　　　　　　　　　　　　　　　　（　　　）
4) インターネット上で執拗なつきまといや迷惑行為を繰り返す。（　　　）
5) 電子掲示板に，○○駅に爆弾を仕掛けたと書く。　　　　　　（　　　）
6) 身に覚えのないWebページ閲覧使用料の請求書がメールで届く。
　　　　　　　　　　　　　　　　　　　　　　　　　　　　　　　（　　　）

語群　ア）ワンクリック詐欺　　イ）フィッシング詐欺　　ウ）架空請求詐欺
　　　エ）振り込め詐欺　　オ）ネットストーカー　　カ）ネットいじめ
　　　キ）ネット犯行予告

5章

情報セキュリティとネット被害

Information Ethics

　インターネットの普及は，私たちの生活にさまざまな恩恵をもたらしましたが，一方では，多くの被害やトラブルが起こっています。その例としては，コンピュータウイルスのような被害やオンラインショッピングによるトラブルなどがあります。対応策として，法的な対策，技術的な対策，倫理やモラルの対策が考えられます。そのうち技術的な対策としては，情報セキュリティを強化することがあげられます。

　この章では，まず，情報セキュリティについて解説したのち，パスワード，電子メールやWebブラウザのセキュリティについて説明します。次に，不正アクセス，コンピュータウイルスや迷惑メールなどコンピュータ被害について説明します。さらに，フィルタリング技術，電子すかしや電子署名などネット社会におけるセキュリティ技術について説明します。

Chapter 5

1 情報セキュリティ

1 情報セキュリティとは

不正アクセスと情報セキュリティ

　インターネットのような世界中につながれたネットワークでは，コンピュータに不正に侵入される行為により，データが改竄・破壊される被害を受ける可能性があります。本来，コンピュータを使用することを許されていない者が，コンピュータにアクセスする行為を**不正アクセス**と呼びます。また，不正行為などからネットワークやコンピュータを守ることを，**情報セキュリティ**と呼び，情報を次のような3つの要素に関する脅威から守ることとされています。

- 許可された人だけが情報にアクセスできるようにする（機密性）
- 情報が不正に改竄や破壊，消去されていない状態にある（完全性）
- 許可された人が必要なときにいつでも情報へアクセスできる（可用性）

コンピュータウイルスなどによる被害

　ネットワークにつながれたコンピュータを利用する場合に，本人かどうかを確かめるためには，**ユーザID**（identification：身分証明，身分確認の意味）と**パスワード**を入力しなければなりません。詳しくは次節で述べますが，この本人確認を認証といいます。

　パスワードが盗まれると，本人になりすまして不正使用（なりすましという）される可能性があります。また，不正アクセスによって，Webページのデータが書き換えられたり，消されたりすることも起こっています。

　コンピュータウイルス（ウイルス）は，コンピュータシステムに悪影響を及ぼすプログラムのことです。悪質なものには，コンピュータのプログラムやデータをすべて破壊するものや外部へ情報を流出させるものがあります。

　また，受信者にとって迷惑な多量の電子メールを**迷惑メール**（スパムメール）といい，勧誘などのダイレクトメールが大量に送られてくることがあります。コンピュータウイルスに感染させようとする電子メールも問題となっています。

情報セキュリティ対策

　不正行為だけでなく，災害，誤操作などから，コンピュータが被害を受けないようにするための対策を**情報セキュリティ対策**といい，次のようなものがあります。

① **アクセス制御**とは，特定の使用者だけがコンピュータの情報を扱えるように制限することです。例えば，コンピュータの管理者はすべての情報を扱えるようにしていますが，一般のユーザが扱える情報は限定されています。このように，情報を扱える範囲やそれを決める権限を**アクセス権**といいます。

② パスワードを利用することで，それぞれのユーザを区別できます。ユーザIDだけがわかっていても，コンピュータやネットワークを利用できません。

③ **ウイルス対策ソフトウェア**（**ワクチンソフト**ともいう）を使用すれば，コンピュータウイルスの検出や駆除をすることができます。

④ **暗号化**は，ネットワークに送るデータを加工して，簡単には読めない（解読する鍵がないと読めない）ようにすることです。

⑤ インターネットと組織の内部のネットワークを結ぶ箇所に**ファイアウォール**を設置すれば，外部からの不正な侵入を防ぐ「防火壁」となります。

⑥ ネットワークに接続可能なコンピュータを制限したり，ウイルス対策がされていないコンピュータを接続させないなど，組織全体でのセキュリティの方針や具体的な取り組みを**セキュリティポリシー**として設定することで，安全性をより高められます。

このような情報セキュリティ対策がとられていても，絶対に安全ということではありません。パスワードの管理などは，自分で責任（自己責任）をもって行わなければなりません。

問 1 次の文章はインターネットの利用について述べたものである。正しいものを1つ選びなさい。

1) インターネットはとても安全で，外部から勝手にアクセスされる恐れはない。
2) なりすましは，勝手に他人のユーザIDとパスワードを利用して不正使用することである。
3) ファイアウォールは外部への通信をすべてシャットアウトしてしまう。
4) コンピュータウイルスは特殊な環境でなければ感染しないので気にしなくてよい。
5) スパムメールとは自分から取り寄せた情報提供メールのことである。

2 個人認証とパスワード

■ 情報を守る認証

インターネットに流れる情報は，通信経路の途中での改竄や盗聴の危険があります。例えば，不正に入手された個人情報を利用して，他人になりすまして契約される可能性もあります。こういった犯罪を防ぎ，インターネットを安全で信用できるものにするには，利用者が誰であるかを特定する仕組みが必要です。この仕組みを**認証システム**といい，通常は**ユーザID**と**パスワード**でこの認証システムにログイン（ログオン）することで利用できるようになります。

パスワードとは，利用者が本人しか知らない文字列や単語をコンピュータに入力して，本人であることを証明する，たいへん重要な符号です。パスワード入力画面で，入力した文字が表示されなかったり，マスク（＊＊＊などでかくされること）されたりするのは，その重要な情報を他人に盗用されるのを防止するためです。

また，認証システムには，誰がいつログインしたかが記録として残されています。記録を確認すれば，他人が不正に使用していないかを発見できます。

■ パスワードの管理

パスワードの管理は，財産やプライバシーを守ることに直結しているので，銀行のキャッシュカードや暗証番号と同様の厳重な管理が必要です。ただし，パスワードは盗まれたり不正に使用されたりしても，すぐに気付くわけではありません。したがって，ほかの人にパスワードを教えないことは当然ですが，パスワードの盗難には十分に警戒し，少なくとも次の点を守らなければなりません。

- 入力するところを他人に見られないようにする
- ほかの人に見られるような場所にパスワードを記録しない
- 複数のWebサイトやパソコンで同じパスワードを使わない
- 長期間，同じパスワードを使い続けない

また，パスワードの作成にも十分に気をくばる必要があります。不正使用された事例の多くは，推測しやすいパスワードの利用によるものです。

1) 不適切なパスワード

パスワードの長さが不十分なもの，辞書に載っている単語の利用，ユーザIDと同じもの，誕生日など自分や家族の情報，固有名詞，単純な数字や文字の並び，過去に使用したパスワードの再利用などは，好ましくありません。

2) 適切なパスワード

大文字・小文字・数字・記号の組み合わせ，長いパスワード，推測しづらく自分が忘れないパスワードなどが適切なパスワードといえます。

＜適切なパスワードの例＞

❶ パスフレーズによるパスワードの作成
母音を抜き，記号や数字等を挿入する。
「MIKAN TO RINGO」→「MKN%T%RNG」（%は空白）

❷ 頭文字によるパスワードの作成
好きな色を英語で並べて，好きな順番と頭文字を組み合わせる。
「3. Ao 2. midori 1. kiiro 4. shiro」→「3 ao# 2 mi% 1 ki$ 4 sh」

■ 新しい認証方法

利用者を認証する方法には，パスワード以外にも，**使い捨てパスワード**（パスワードが毎回変更される仕組みで，One Time Passwordともいう），IDカード，**電子署名**などを用いた方式があります。

また，指紋や網膜，虹彩，声，手のひらの静脈，顔の輪郭，耳の形などの身体的特徴を利用した**生体認証**（**バイオメトリクス認証**）も実用化されており，他人になりすますことを防止する効果が期待されています。さらに，異なる要素を組み合わせた二要素認証も安全性が高く，利用が広がっています。

問 2　次の文章は，パスワードについて述べたものである。正しいものを1つ選びなさい。

1) パスワードは，忘れないように紙に書いておくとよい。
2) パスワードは，誰にでもわかりやすいものにするとよい。
3) パスワードは，英数字や記号を組み合わせるとよい。
4) パスワードは，別のWebサイトで利用しているものにするとよい。
5) パスワードは，親しい友だちには教えておく方がよい。

3 暗号化と情報セキュリティ

暗号とは

元のメッセージ（**平文**という）を，別のメッセージ（**暗号文**）に変換することを**暗号化**といいます。反対に，暗号文を元の平文に戻すことを**復号**といいます。暗号化・復号するためには，暗号化や復号に使われる一定の規則である，鍵が必要です。

古くから用いられている簡単な暗号に，**シーザ暗号**があります。シーザ暗号の鍵は，「何文字分シフトする（ずらす）か」ということです。例えば，「PEN」を3文字後ろにシフトすると，「SHQ」になります。シーザ暗号は，暗号化したり復号したりするのが簡単なので，すぐに解読されてしまいます。

共通鍵暗号方式と公開鍵暗号方式

鍵の使い方や処理のしかたによって，2つの暗号方式に大きく分類できます。**共通鍵暗号方式**は，メッセージを暗号化するときと復号するときに同じ鍵を使う方法で，秘密鍵暗号方式ともいいます。この方式を使った有名なものに，アメリカ商務省のデータ暗号化規格である**DES**（Data Encryption Standard）があります。

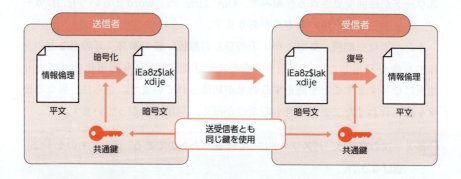

公開鍵暗号方式は，メッセージを暗号化するときと復号するときとで，異なる鍵を使用します。この方式では，暗号化する鍵を公開し，復号する鍵を自分だけが秘密に保持します。そのため，暗号化用の鍵を**公開鍵**，復号用の鍵を**秘密鍵**と呼びます。この方式で有名なものに，発明者の頭文字をとった**RSA**（Rivest Shamir Adleman）があります。

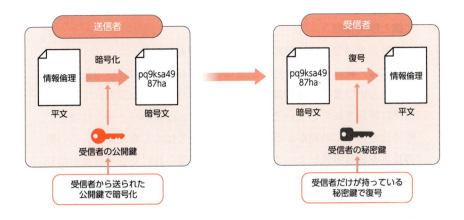

電子メールと暗号化

　電子メールでの通信は，郵便はがきのやり取りと似ています。電子メールのメッセージは，いくつものコンピュータを経由して相手に届くまで，はがきに書かれたメッセージと同様，かくされずに運ばれます。そのため，もし悪意をもった人が通信の経路上にいれば，盗聴やなりすましなどの被害に遭うことになります。

　郵便では，メッセージを人に見られないように送るために，封書や書留など，いくつかの種類があります。同じように，電子メールにも，次のような有用な機能があります。

- 暗号化……特定の受信者だけに電子メールが読めるようにする
- 改竄発見……メッセージが書き換えられていないかを確認できる
- 認証……送信者が間違いなく本人であることを示せる

　電子メールの情報セキュリティを確保するには，メッセージを暗号化して，通信経路上で他人に読まれることを防ぐことが第一です。また，メッセージに署名（P.104電子署名を参照）を付ければ，通信経路途中での不正な書き換えや他人が送信者になりすますことを防げます。このような機能をもつ，代表的な技術として，**PGP**（Pretty Good Privacy）やS/MIME（Secure/Multipurpose Internet Mail Extensions）といったシステムがあります。どちらも，共通鍵暗号方式と公開鍵暗号方式を組み合わせて利用しています。

＜鍵と暗号強度＞

　暗号の鍵は安全性に関わる重要な役割があります。コンピュータの世界では，鍵は0と1の並びで表現されており，この並びの長さを鍵の長さといいます。鍵の長さが短いと鍵のパターンが限られてしまい，簡単に解読されてしまいます。逆に，長ければ鍵のパターンは増えて，暗号化や復号に時間がかかりますが，解読しにくくなります。この鍵の長さや暗号方式によって変わる，暗号の破られにくさの程度を暗号強度といいます。コンピュータの発展に応じて，暗号強度は見直されています。最新の暗号強度の環境を使用するようにしましょう。

無線LANと暗号化

　ネットワークを構築する場合に，LANケーブルを使わずに電波で通信する，**無線LAN**が利用される機会が増えています。特に，メーカーが違ってもお互いに接続して通信できる機器には，**Wi-Fi**（Wireless Fidelity）という名称が付けられており，安心して使用できるようになっています。現在では，コンピュータだけでなく，テレビやレコーダーなどの家電製品，スマートフォンやゲーム機でも利用可能なものが登場して，無線LANが手軽に利用されています。

　しかし，電波で通信するということは，外部からも盗聴されやすく，また，無線LANアクセスポイントを無断で利用される危険性もあります。盗聴と無断利用を防ぐために，無線LANの通信も暗号化できます。無線LANでは，無線LANアクセスポイントと接続する機器とで同じ暗号方式と同じ鍵を用いて，暗号化を行います。暗号方式や鍵がわからなければ，盗聴も無断で利用されることもありません。古くからある暗号方式は，多くの機器で利用可能なことが特徴ですが，すでに解読方法が見つけられているため，利用することは望ましくありません。鍵についても，暗号強度が弱いと解読される危険性が高くなるので，暗号強度が強い鍵を用いることが大切です。

　また，暗号化されているからといって，必ずしも安全というわけではありません。鍵が漏洩したり解読されたりすれば，盗聴や無断利用されてしまう可能性があります。無線LANアクセスポイントには，特定の機器しか接続できないようにする設定がありますから，必ず設定しておきましょう。

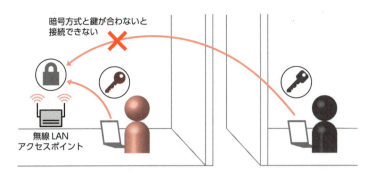

　最近は，店や駅の構内などで無線LANを利用できる，**公衆無線LAN**と呼ばれるサービスがあります。ただし，なかには暗号化がされていないものも存在します。暗号化されていない公衆無線LANはなるべく利用せず，どうしても利用する場合でもパスワードなどの重要な情報は入力を避けましょう。暗号化されていても，ほかの人と同じ鍵を利用すれば盗聴される可能性があることにも注意しましょう。

> 　無線LANの暗号化の規格には，WEP（Wired Equivalent Privacy），WPA（Wi-Fi Protected Access），WPA 2（Wi-Fi Protected Access 2）があります。それぞれの規格には，RC 4（Rivest's Cipher 4），TKIP（Temporal Key Integrity Protocol），AES（Advanced Encryption Standard）という暗号方式が用いられています。

問 3　次の文章は，暗号化技術について述べたものである。誤っているものを1つ選びなさい。

1) 暗号化技術は，インターネットの盗聴・改竄などの危険性から通信を守るために利用される。
2) 暗号方式には，共通鍵暗号方式と公開鍵暗号方式がある。
3) 電子メールの暗号化技術には，PGPやS/MIMEがある。
4) 暗号化とは，数学的な変換をほどこして，暗号化した人以外は元の文章に戻せないようにすることである。
5) 無線LANの暗号化は盗聴や無断利用を禁止するために必要である。

4 Webの情報セキュリティ

Webの安全な利用のために

　Webを利用すると多くの情報が得られて便利ですが，その利便性にのみ関心が向き，情報セキュリティがおろそかになっては危険です。最近では，表示しただけでコンピュータウイルスなどのプログラムが勝手に動作し，被害に遭うWebページもあります。もし，情報セキュリティに注意しなければ，高額な請求書が送りつけられる可能性や，ハードディスク内のデータの破壊や盗難などの被害に遭う可能性が増えてしまいます。安全にWebページのサービスを受けるために，少なくとも，以下のことは守りましょう。

- ブラウザのバージョンアップをしたり，セキュリティレベルを「高」に設定する
- プログラムを安易にダウンロードしない。ダウンロードする場合は安全性に注意し，ウイルス対策ソフトウェアでチェックする
- 警告などのメッセージの内容をよく理解し，不用意にボタンをクリックしない
- ブラウザに新たな機能を追加するソフトウェア（アドインという）を不用意にインストールしない。インストールした場合は，更新情報に注意する
- 大事な情報を送るときは，**SSL/TLS**が使われているかを確認する

　SSLはSecure Sockets Layerの略，TLSはTransport Layer Securityの略で，データを暗号化してやり取りする通信技術のことです。クレジットカードなどのデータを送信する際には，盗聴の危険にさらされているので，少なくとも，URLが「https://」で始まっているか，ロックマークがあるかどうかなど，Webページの信頼性を確認する必要があります。

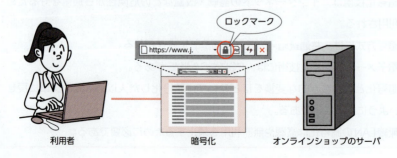

利用者　　　　　　暗号化　　　　　オンラインショップのサーバ

ただし，ブラウザにロックマークが表示されていても，暗号化によって盗聴を防ぐことが可能になるだけで，相手が信用できることを示しているわけではありません。通信相手が実在しない場合や悪意のある人である可能性もあります。そのため，新しいブラウザのなかには，通信相手の実在を第三者が証明していることを表示する機能が備わったものもあります。

クッキーによる利便性と安全性

ショッピングサイトで商品を買い物カゴに入れたあと，ブラウザを終了して再度ショッピングサイトにアクセスしても，商品が買い物カゴに残っていることがあります。これは，**クッキー**（Cookie）を利用しているためです。

クッキーは，Webサーバが閲覧したユーザに関する情報を，ブラウザを通じてユーザのコンピュータに一時的にファイルとして記録する仕組みです。記録した情報は，Webサーバから要求されれば，ブラウザがWebサーバに情報を提示します。ユーザIDやパスワードを記録すれば，閲覧するたびにユーザIDやパスワードを入力しなくても認証できます。また，アクセスした日時や閲覧履歴を記録すれば，ユーザの嗜好をWebページの内容に反映できます。

クッキーは便利ですが，知らない間に自分に関する情報が記録されていることに気を付けましょう。クッキーを盗まれれば，他人になりすまされて無断でWebサイトを利用される可能性があります。クッキーを盗み出そうとする，悪意のあるWebサイトもあります。信頼性がよくわからないWebサイトを閲覧する場合には，クッキーを無効に設定することも必要です。

問 4 次の文章は，Webの情報セキュリティについて述べたものである。誤っているものを1つ選びなさい。

1) ブラウザのバージョンの更新も，情報セキュリティを高めることになる。
2) Webページの情報をやり取りする暗号化通信技術のひとつに，SSLがある。
3) Webページからファイルをダウンロードする場合，それが公共機関のものであれば安全が保障されている。
4) 決まったWebページしか閲覧しなくても，ブラウザのセキュリティレベルは高く設定する。
5) あるコンピュータで閲覧したWebサイトのクッキーは，別のコンピュータから閲覧するときには利用できない。

2 コンピュータへの被害

1 スパムメールとチェーンメール

■ スパムメールとは

　知らない人や会社などから,「インターネットで一儲けしませんか？」や「インターネットで友だちを見つけませんか？」などといった内容のメールが送られてくる場合があります。このように,不特定多数のメールアドレスにくり返し送信される迷惑な多量のメールのことを, **スパムメール**(迷惑メール)と呼んでいます。

　実生活でもダイレクトメールが届きますが,その代金は発送者である業者が支払っています。また,受信者の都合を一切考えないスパムメールも,メールサーバやネットワークに負担をかけ,悪質な迷惑行為です。

　スパムメールは,流出した個人情報のリストにあるメールアドレスのほか,Webページや電子掲示板などから自動収集プログラムを使って集めたメールアドレス,さまざまな文字や数字を組み合わせて作られたメールアドレスに自動的に送信されます。それらの中には実在しないものも含まれていますが,もし送られてきたスパムメールに対して抗議のメールを出せば,そのメールアドレスが実在していることを発信者に伝える結果になります。

＜スパムメールの例＞
『サイドビジネス(アルバイト)のお知らせ』
突然のメールをお許しください。
携帯電話や衛星放送の取次をしていただける方を募集しています。地域・性別は問いません。自由な時間に,家にいながらにして一儲けしませんか？
まずはわが社まで資料を請求してください。無料です。
早いもの勝ちですので,お急ぎください！！！

■ スパムメールの対策

　スパムメールへの対策としては,無視をして削除することが重要です。電子メールに埋め込まれたWebページのURLを受信者が無造作にクリックすると,コンピュータウイルスに感染したり,会員申し込みを装って違法な会費請求を

されたりするといったトラブルに巻き込まれることがあります。

　スマートフォンでは，携帯電話事業者のサービスを設定することによりメール着信拒否機能を使うことができます。パソコンでも，ウイルス対策ソフトウェアを利用すれば，スパムメールを拒否できます。

　大量のスパムメールは，電子メールを転送するサーバにも負荷を与え，ネットワーク社会の健全化を妨げていることから，不特定多数のメールアドレスにメール送信することを制限する**特定電子メール法**（特定電子メールの送信の適正化等に関する法律）が制定されています。この法律により，我が国では，業者は送信を許諾した人にしか送信してはいけないオプトイン方式をとっています。

■ チェーンメール

　「不幸の手紙」のように文書の転送を強要する内容や，「輸血用血液を求む」のように友人や知人に転送しなければならないように思わせる内容のメールが送られてくることがあります。このように，内容の転送を強要したり，うながしたりするメールのことを**チェーンメール**といい，次のようなものがあります。なお，チェーンメールに対しては，転送も返信もしないことが重要です。

- 文書の転送を強要する。（例）不幸の手紙，幸福の手紙
- ほかの人にも見せたくなり思わず転送してしまうような画像を添付したもの。（例）花火，流れ星，一般に入手できないような写真
- 道義上，誰かに転送した方がよいと思わせるもの。（例）輸血用の血液を求めるもの，ウイルス注意情報，災害義援金の依頼

問 5　次の文章は，スパムメールやチェーンメールについて述べたものである。正しいものを1つ選びなさい。

1) スパムメールの本文に書いてある内容は間違いないことである。
2) スパムメールを受信したら，次回以降受信を拒否するメールを送信する。
3) スパムメールに記載されてあるURLはクリックしても問題ない。
4) チェーンメールは，人道的な内容が多いため，よく検討して転送する。
5) スパムメールは，文字や数字を組み合わせて自動的に生成されたメールアドレスに送信される。

2 コンピュータウイルス

■ コンピュータウイルスとは

コンピュータのシステムやソフトウェアの機能の弱点をねらって，何らかの妨害を加える，悪意のあるプログラムであるマルウェアのうち，コンピュータに感染して増殖するプログラムを**コンピュータウイルス**（ウイルス）といいます。画面上に何らかのメッセージを表示させるだけのものから，コンピュータを起動できなくさせてしまうもの，コンピュータ内のデータを使えなくしたり，流出させたりするものまであります。

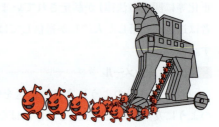

コンピュータウイルスの種類には，ワープロソフトやメールソフトに寄生する「**ウイルス**」タイプや，完全に自立して自己増殖していく「**ワーム**」タイプ，実用性や娯楽的要素を含んだプログラムに見せかけて侵入する「**トロイの木馬**」タイプのものがあります。

これらのコンピュータウイルスには，電子メールやWebページのようにネットワークの利用時に感染するものや，フラッシュメモリのようなもち運びを目的としたリムーバブルメディアなどを介して感染するものがあります。最近は，パソコンやスマートフォンをインターネットに常時接続しているため，ネットワークを介してのコンピュータウイルスの感染が増えています。さらに，感染したシステムやデータをロックして，身代金を要求するランサムウェアによる被害が深刻になっています。

■ コンピュータウイルスへの対策

コンピュータウイルスがコンピュータの中に入り込み，発症した場合には，ハードディスクを再フォーマット（初期化）し，オペレーティングシステム（OS）から再インストールする以外に確実な復旧方法がないことがあります。したがって，日常からコンピュータウイルスの感染を未然に防ぐ努力をしなければなりません。具体的には以下のことが考えられます。

- コンピュータウイルスの侵入を検出し駆除する，**ウイルス対策ソフトウェア**をインストールしておく
- 新種のコンピュータウイルスを検出できるように，コンピュータウイルス

の特徴を記録したウイルス定義ファイルを最新の状態に保つ
- OSやソフトウェアを常に最新の状態にしておく。また，自動的に更新する設定ができる場合は利用する
- OSやソフトウェアのセキュリティホールの情報が公開された場合は，修正プログラムであるセキュリティパッチを速やかに適用する
- 感染したときの被害を最小限におさえるために，定期的にコンピュータ内のデータを**バックアップ**しておく
- Webページを表示させただけでコンピュータウイルスに感染する場合もあるので，Webブラウザのセキュリティ設定をしておく
- 知らない送信者や件名が怪しいなど，疑わしい電子メールは開かない

スパイウェアとアドウェア

　一見有用なソフトウェアに見せかけてユーザにインストールをうながすソフトウェアに，**スパイウェア**があります。コンピュータウイルスと異なり，スパイウェアはコンピュータの動作を不安定にすることはありませんが，コンピュータ内に保存された個人情報やコンピュータの使用履歴，ブラウザの閲覧履歴などの多くの情報を外部のコンピュータに無断で送信してしまいます。

　また，ユーザが知らない間にほかのソフトウェアと一緒にコンピュータに導入されて，ユーザが意図しない広告を画面に強制的にポップアップなどで表示するソフトウェアのことを**アドウェア**と呼んでいます。

　ウイルス対策ソフトウェアを導入すれば，スパイウェアやアドウェアによる被害を防ぐこともできます。ただし一般的には，インターネット上のソフトウェアを安易にインストールしないことが，より重要な対策です。

問 6 次の文章は，コンピュータウイルスについて述べたものである。誤っているものを1つ選びなさい。

1) ウイルス対策ソフトウェアをインストールしてあれば，定期的にデータのバックアップをしなくてもよい。
2) 出所不明な電子メールに添付されたファイルは開かない。
3) コンピュータウイルスに関するWebページで情報収集を行う。
4) ウイルス対策ソフトウェアで，ウイルス検出を定期的に行う。
5) アプリケーションソフトを常に最新状態にしておく。

3 不正アクセス

■ 不正アクセスとは

インターネットには多くのコンピュータが接続されており，情報の公開や交換などにより，わたしたちにさまざまな利益や利便性をもたらします。しかし，ネットワーク上のコンピュータは，必ずしも自由にアクセスすることを許しているわけではありません。アクセスが許されるのは，それぞれのシステムの管理者が許可した範囲や，情報の所有者が定めた条件によります。

ネットワークを通じて，他人のユーザIDやパスワードを無断で使用するなどの不正な手段で，利用する権限がないコンピュータに入り込む行為や，入り込んだコンピュータを利用する行為を**不正アクセス**と呼びます。また，ソフトウェアの弱点を悪用したり，大量のデータ通信を行ってコンピュータの機能を低下・停止させたりすることで，ネットワークに接続されたコンピュータへ侵入する行為も不正アクセスになります。不正アクセスされると，コンピュータのデータが盗み出されたり，改竄・削除されたりするなどの被害を受けることがあります。アクセス権を変更される可能性もあります。また，不正アクセスされたコンピュータがほかのコンピュータに侵入するために悪用されてしまい，知らない間に加害者になってしまう場合もあります。

■ なりすまし

ほかの人のユーザIDやパスワードを盗むなどして，その人になりすまし，無断でコンピュータに入り込んで操作することを，なりすましといいます。

なりすましをされると，メールを盗み見られたり，SNSに勝手な書き込みをされたり，ショッピングサイトから身に覚えのない請求をされるなどの被害を受ける可能性があります。ただし，パスワードの管理がずさんで不都合が生じた場合は，なりすまされた人も一定の責任を問われる場合があります。コンピュータにログイン（ログオン）したまま席を離れることや，パスワードを書いたメモを他人の目につきやすい場所に残すことは絶対にしてはいけません。

電子掲示板やチャットなどでは，パスワードを用いた認証は行われない場合が多く，他人になりすまされる可能性があります。また，電子メールやオンラインショッピング，オンラインゲームなどでは，パスワードを用いた認証が行われるので，パスワードの管理などを慎重に行うことが重要です。

オンラインゲームなどでは，不正アクセスによって，ゲーム内のアイテムが勝手に処分されたり，パスワードを変えられて利用者本人がアクセスできなくなったりする事例などが発生しています。このような場合，ゲーム内のアイテムの不正移動などは，不正アクセスだけの問題ではなく，ゲームを運営する会社の業務を妨害したことによる罪に問われる場合があります。

　コンピュータを利用するときに，ユーザIDやパスワードを必要とする設定を行い，セキュリティ対策ソフトを導入してネットワークの通信記録を確認できるようにすると，トラブルに遭ったときにそれらの情報をくわしく調査分析できて，なりすまされたかどうかがわかる場合があります。

■ セキュリティホールへの攻撃

　セキュリティホールとは，コンピュータのプログラムやネットワークシステムの技術的な不備のことです。悪意をもって不正な行為をする者（クラッカー）は，セキュリティホールをついて，外部から不正に侵入します。そのあと，コンピュータに保存されたファイルを盗み出したり，システム自体を改竄・破壊したりします。また，管理者の権限を奪ってコンピュータを乗っ取り，ほかのコンピュータを攻撃するためのプログラムを組み込み，踏み台として悪用する場合もあります。

　クラッカーがユーザIDやパスワードを盗み出す方法として，キーボードの入力履歴を記録するキーロガーと呼ばれるソフトウェアやハードウェアをコンピュータに忍ばせることがあります。不特定多数が使用するパソコンにはキーロガーが仕掛けてあるかも知れないと想定し，ユーザIDやパスワードの入力は避けましょう。

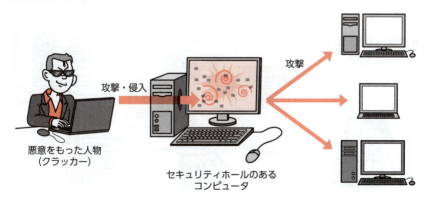

サイバー攻撃

コンピュータへの攻撃として，セキュリティホールをねらったもの以外に，短時間に大量のデータを送りつけたり不正なアクセスを繰り返し行ったりすることによって，特定のコンピュータの機能を不能に陥れる，**サービス不能攻撃**（DoS攻撃）があります。また，特定の企業・組織をねらって，その関係者にコンピュータウイルスを添付したメールを送りつけて感染させることで，内部の重要な情報を盗み出そうとする標的型攻撃もあります。これらの攻撃に使用されるコンピュータの多くは，不正アクセスの被害を受けて，攻撃のための踏み台になってしまったものです。

無線LANにおける不正アクセス

電波を使った無線LANによって，街中でも手軽にネットワークに接続できるようになりました。無線LANは大変便利ですが，無線LANアクセスポイントのセキュリティ対策が不十分だと，利用する権限のない第三者に無断で利用されてしまいます。それだけでなく，電波を傍受されて，電子メールの内容やアクセスしたWebサイトの内容を盗み見られたり，無断でパソコンに侵入されてデータを盗まれたりする可能性もあります。また，不正アクセスなどの不正な行為のこん跡を残さないために，無線LANアクセスポイントが踏み台として悪用される恐れもあります。

悪意をもった者は，無線LANアクセスポイントを探し回るウォードライビング（War Driving）という行為によって，無断で利用できる無防備な無線LANアクセスポイントを見つけようとします。そのため，無線LANアクセスポイントを設置する場合は，アクセス制限や暗号化などのセキュリティ設定が不可欠です。

■ ウォードライビング

不正アクセス禁止法

　ネットワークを通じて行われるコンピュータに関する犯罪を防止し，アクセス制御で利用を制限されたコンピュータへの不正アクセスを犯罪として禁止し罰することで，情報社会の健全な発展に役立てることを目的とした法律として，**不正アクセス禁止法**が2000年に施行されました。

　なりすましやセキュリティホールを攻撃した侵入などの不正アクセス行為だけでなく，他人のユーザIDやパスワードを無断で第三者に提供する，不正アクセス行為を助長する行為も禁止されます。2012年には改正され，フィッシング詐欺のようなユーザIDやパスワードを不正に入手する行為（P.73参照）なども禁止されました。

＜履歴情報とサイバー犯罪＞

　認証やアクセス制御によって複数のユーザが利用するコンピュータでは，いつ，誰が利用していたかを利用履歴として記録しています。また，ネットワークに接続したコンピュータでは，データを送受信するときに，通信した日時や通信相手のコンピュータのIPアドレスなどを通信履歴として記録しています。

　不正アクセスなどのサイバー犯罪が発生した場合には，履歴情報を調べることで犯人にたどり着くことができます。また，プロバイダ責任制限法（特定電気通信役務提供者の損害賠償責任の制限及び発信者情報の開示に関する法律）の施行に伴い，電子掲示板などで悪質な書き込みをされて権利が侵害された場合には，運営者が企業か個人か，営利か非営利かを問わず，その運営者に対して発信者の情報の開示を求めることができます。

問7 次の文章は，不正アクセスについて述べたものである。誤っているものを1つ選びなさい。

1) 偶然に知った他人のIDとパスワードで，オンラインゲームを利用する行為。
2) 自分のWebページに嘘の情報を掲載する行為。
3) ショッピングサイトの偽物を作って，他人のIDやパスワードを入手する行為。
4) セキュリティホールを悪用して，他人のコンピュータに侵入する行為。
5) 他人のユーザIDやパスワードを用いてメールを送受信する行為。

3 ネット社会のセキュリティ技術

1 フィルタリング技術

■ インターネットでの危険やトラブルから守る技術

誰もがインターネットにある多くの情報へ手軽にアクセスできるようになりました。調べ学習などの勉強，友人とのコミュニケーションなど，子どもたちがインターネットを活用する機会が増えています。

しかし同時に，暴力，アダルト，危険物などの有害情報に子どもが自らの意思に関係なく触れてしまう危険も増えています。また，子どもたちがコミュニティサイトで他人を誹謗・中傷してトラブルに発展したり，出会い系サイトやその代わりになるサイトで知り合った人と実際に会って被害を受けることもあります。

判断力が十分ではない子どもを有害情報による危険やトラブル・被害から守る手段として，一定の基準で情報へのアクセスを制限する，**フィルタリング技術**があります。

■ フィルタリングの方式

フィルタリング技術を使用すれば，見せたくないWebサイトへのアクセスだけを遮断したり，見せてよいWebサイトへのアクセスだけを許可したりできます。フィルタリングの方式は大きく分けて4つあります。

- ホワイトリスト方式…見せてよいWebサイトのリストを作ってそれ以外を遮断する
- ブラックリスト方式…見せたくないWebサイトのリストを作ってそれらのみ遮断する
- キーワード／フレーズ方式…あらかじめリストにしたキーワードやフレーズが含まれていれば遮断する
- レイティング方式…個人や第三者が一定の基準で付けた格付けに基づいて見せるかどうか判断する

■ パソコン，スマートフォンでのフィルタリングの実際

パソコンでもスマートフォンでも，基本的なフィルタリングの仕組みは同じです。Webサイトを内容ごとにいくつかのカテゴリに分類しておき，カテゴ

リごとにアクセス制限を設定します。実際に利用する子ども一人ひとりの年齢やネット上でのマナーやモラルに関する知識・理解に応じて何をどこまで制限するか，保護者の判断が重要になります。

　Webサイトをアクセス制限する基準は，民間の企業や団体が協力して作成しています。例えば，下の表のような情報が含まれるWebサイトはアクセス制限の対象となります。

ヌードや性行為の描写や表現
男女間の実際の出会いを目的としたやり取りをする情報
暴力シーンや不快感を与える描写や表現
他人の悪口や誹謗中傷
犯罪を助長するような情報
薬物や毒物の不正な入手や使用に関する情報
家出仲間や家出先を探すような情報
自殺や自傷行為に誘うような情報

（一般財団法人インターネット協会：レイティング/フィルタリング情報より一部を要約）

　パソコンでは，専用のソフトウェアやプロバイダのサービスを導入して，フィルタリングを利用します。特に，フィルタリングソフトでは，監督者である保護者が特定のカテゴリやWebサイトへのアクセス制限を個別に設定できます。また，インターネットが利用可能な時間の設定や，子どもが閲覧したWebサイトの履歴の保護者への通知，個人情報や誹謗・中傷などの不適切な書き込みを制限可能にするソフトウェアもあります。

　スマートフォンでは，携帯電話事業者が提供するサービスに申し込むだけで，携帯電話事業者の回線を使った通信でフィルタリングを利用できます。ただし，アクセスを制限するWebサイトやカテゴリは携帯電話事業者側であらかじめ設定されていて利用者が変更できないサービスもあるので，どのような情報が制限されるのかをあらかじめ調べておくことが大切です。また，無線LANによる通信を使えば携帯電話事業者のフィルタリングとは関係なくWebサイトへのアクセスが可能であるため，無線LAN機能やアプリケーションのインストール・起動などを制限するサービスが携帯電話事業者から提供されています。

■ パソコンでのフィルタリング

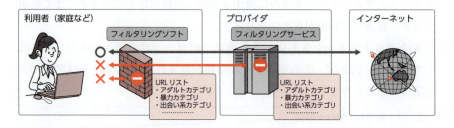

■ スマートフォンでのフィルタリング

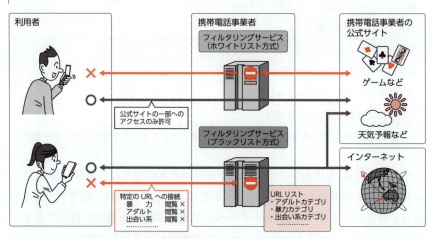

フィルタリングに関連する法律

　スマートフォンなどについては，有害情報から子どもたちを守ることを目的とした**青少年インターネット環境整備法**（青少年が安全に安心してインターネットを利用できる環境整備等に関する法律）が2009年4月に施行され，18歳未満の子どもが利用するスマートフォンなどへのフィルタリングサービスの提供が携帯電話事業者に義務付けされています。また，新規契約や機種変更の際に店頭で，利用者が18歳未満であるかどうかの確認やフィルタリングサービスの説明，販売時のフィルタリングの設定などを義務付けるよう，2017年6月に改正されました。

フィルタリングを有効に利用するために

　スマートフォンを使用しはじめる時期は，年々低年齢化する傾向にあります。

その結果，スマートフォンの利用がきっかけでトラブルや被害に巻き込まれる子どもがこれまで以上に増える可能性があります。一方で，インターネットが子どもたちにとって大事な居場所やコミュニケーションの場となっており，それをフィルタリングで無理に遠ざけるのはむしろ，よくないという意見もあります。

また，フィルタリングに関する十分な知識がないままに，子どもに頼まれてフィルタリングサービスを解除してしまう保護者が少なくありません。子どものスマートフォンへのフィルタリングを普及させるには，保護者がフィルタリングに関心を持ち正しい知識を身に付けることが大切です。

子どもたちを有害情報から守る手段としてフィルタリングは有効ですが，万能の技術ではありません。フィルタリングだけで，すべての有害情報を遮断するのは困難です。また，新しい有害情報には即座に対応できないこともあるため，フィルタリングの対象とならない場所でトラブルが起こることもあります。

フィルタリングに頼りすぎるのではなく，子どもの年齢に応じた社会性や責任能力にあわせて，利用可能なWebサイトを制限することが重要です。そのためには，親子でルールを決めるなど，子どもと大人が一緒に考えていくことが必要でしょう。

問 8 次の文章は，フィルタリング技術について述べたものである。誤っているものを1つ選びなさい。

1) フィルタリングを利用しても，すべての有害情報を遮断できるわけではない。
2) キーワード／フレーズ方式では，あらかじめ定めたキーワードやフレーズを含むWebサイトにはアクセスできない。
3) 専用ソフトウェアを使ったパソコンでのフィルタリングは，アクセス制限をするカテゴリやWebサイトはプロバイダが設定する。
4) スマートフォンでは，携帯電話事業者の回線を使った通信に，フィルタリングが適用される。
5) 親名義の契約であっても，18歳以下の利用者のスマートフォンには，携帯電話事業者はフィルタリングを適用しなければいけない。

2 電子すかしと電子署名

■ 電子すかし技術と著作権の保護

　画像や動画，音声などのディジタルコンテンツは，コピーすれば同一の複製物が簡単にできてしまいます。そのため，**DRM**（Digital Rights Management：ディジタル著作権管理）のような，著作権を保護するための技術が重要になります。

　電子すかしは，特定の情報をコンテンツに埋め込む技術です。DRM技術の1つとして，著作権情報を埋め込むために利用されます。電子すかしとして埋め込まれた情報は，見えたり聞こえたりすることはありません。さらに，コピーや変形・圧縮などの変更を加えても，埋め込まれた情報は残ります。埋め込む方法には，

- コンテンツの視聴などに支障や影響がない程度であること
- 埋め込まれた情報の改竄や除去が困難であること
- 埋め込まれた情報の検出処理に時間がかからないこと

などが求められます。

　著作権情報を電子すかしとして埋め込めば，コピーされたコンテンツを簡単に検出できるので，コンテンツの不正な流通の調査に活用できます。

■ 本人確認・改竄防止のための電子署名

　ネット上でのやり取りでは，相手の顔が見えないため，情報の発信者と受信者がそれぞれ本当に本人なのか，情報が途中で改竄されていないかを確認するのは困難です。そのため，例えば，オンラインショップや金融機関などになりすまし，本物そっくりのWebページに誘導する電子メールを送りつけ，暗証番号やパスワードをだまし取ろうとする詐欺が問題になっています。

　そこで，情報を送ったのが発信者本人であることと，送られた情報が改竄されていないことを確認する技術として，**電子署名**（digital signature）が用いられています。紙の文書でのサインや印鑑にあたるものです。具体的には，次のような公開鍵暗号方式の暗号技術を利用することで，信頼性の高い情報のやり取りができます。

①送信者は，公開鍵の所有者であることを証明するため，認証局と呼ばれる第三者から，送信者の公開鍵が含まれた電子証明書を発行してもらう。

②送信者は,「送信する"元の情報"から変換したデータ」を自分の秘密鍵で暗号化して電子署名を作成し,元の情報と一緒に,電子署名と電子証明書を送信する。

③受け取った受信者は,認証局に問い合わせて,電子証明書に含まれた公開鍵が送信者のものかを確認する。

④確認できたら,送信者が電子署名を作成した時と同じ方法で「送信する"元の情報"から変換したデータ」を作成して,電子署名を送信者の公開鍵で復号して取り出したデータと比較照合して,一致するかどうかを確かめる。

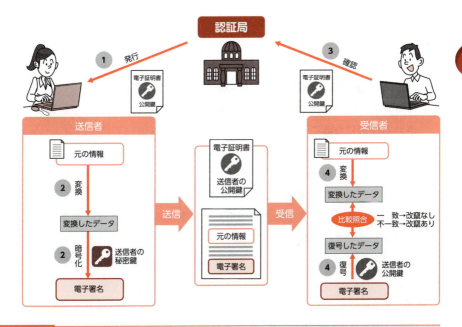

問 9 次の文章は,電子すかしと電子署名について述べたものである。正しいものを1つ選びなさい。

1) 電子すかし技術だけでは不正コピーを防ぐことはできない。
2) 何度もコピーすると,埋め込んだ電子すかし情報は劣化してしまう。
3) 音声に電子すかし情報を埋め込むと,ノイズが発生してしまう。
4) 電子署名の技術は,電子メールにしか利用することができない。
5) 電子署名では,共通鍵暗号方式も用いることができる。

5章 章末問題

1 ◆次の文章の空欄を埋めて，文章を完成させなさい。
1) 組織での情報セキュリティの方針や具体的な取り組みを（ ① ）と呼ぶ。
2) 利用者が誰かを特定する仕組みを（ ② ）といい，最近では，指紋や網膜などの身体的な特徴で利用者を特定できる（ ③ ）が実用化されている。
3) 暗号化・復号するには鍵が必要となるが，公開鍵暗号方式では暗号化に用いる（ ④ ）と復号に用いる（ ⑤ ）の2つの鍵がある。
4) Webでクレジットカードなどのデータを送信する際は，データを暗号化することを示す（ ⑥ ）がブラウザに表示されていることなどに注意する。

2 ◆次の文に最も関連する語句を下記の語群から選びなさい。
1) コンピュータのプログラムなどの技術的な不備で，外部から不正に侵入される原因になることがある。（　　）
2) 無害なプログラムを装ってコンピュータに侵入し，プログラムやシステムそのものに何らかの妨害を加える。（　　）
3) 無断で利用できる無線LANアクセスポイントを探し回る。（　　）
4) コンピュータに保存された情報を，ネットワークを通じて，無断で外部のコンピュータに送信する。（　　）
5) 他人としてコンピュータに入り込み，勝手に操作をする。（　　）

語群　ア）スパイウェア　　イ）ウォードライビング　　ウ）なりすまし
　　　エ）トロイの木馬　　オ）セキュリティホール

3 ◆次の説明文に該当するフィルタリング方式の名称を答えなさい。
1) 見せたくないWebサイトのみを遮断する。（　　　　　）
2) 見せてよいWebサイト以外を遮断する。（　　　　　）
3) 設定したキーワードやフレーズが含まれるWebサイトを遮断する。（　　　　　）

付録 ― 1　ネット関連法律

個人情報保護法
（平成15年5月30日公布，平成29年5月30日改正）

個人情報保護法の目的
　個人情報保護法は，平成15年5月に成立し，平成17年4月に完全施行された法律である。個人データをもつ者は，個人情報取扱事業者として，この法律に定める内容を守らなければならない。
　この法律では総則の第一条で目的が，第三条で理念が述べられている。

第一条――この法律は，高度情報通信社会の進展に伴い個人情報の利用が著しく拡大していることに鑑み，個人情報の適正な取扱いに関し，基本理念及び政府による基本方針の作成その他の個人情報の保護に関する施策の基本となる事項を定め，国及び地方公共団体の責務等を明らかにするとともに，個人情報を取り扱う事業者の遵守すべき義務等を定めることにより，個人情報の適正かつ効果的な活用が新たな産業の創出並びに活力ある経済社会及び豊かな国民生活の実現に資するものであることその他の個人情報の有用性に配慮しつつ，個人の権利利益を保護することを目的とする。

第三条――個人情報は，個人の人格尊重の理念の下に慎重に取り扱われるべきものであることにかんがみ，その適正な取扱いが図られなければならない。

　この法律は，個人の人格尊重を第一に考えるが，単純な保護だけではなく，活用にも配慮して個人情報の取り扱いを定めている。

個人情報保護法の構成
　個人情報保護法は7つの部分から構成されている。前半の3章が公共部門と民間部門をともに対象とする基本法的部分，後半の四，六，七章が民間部分のみを対象とする一般法的部分である。とくにわたしたちに関係の深いものが第四章である。

第一章――（総則）
第二章――（国及び地方公共団体の責務等）
第三章――（個人情報の保護に関する施策等）
第四章――（個人情報取扱事業者の義務等）
第五章――（個人情報保護委員会）
第六章――（雑則）第四章の規定が適用されない場合
第七章――（罰則）第四章で定められた義務に違反した場合

個人情報取扱事業者に求められること
　個人情報保護法では，以下の6つのことを個人情報取扱事業者に求めている。適正な取り扱いがなされない場合は，行政からの勧告や命令，罰金や懲役などの罰則が適用され，本人からの損害賠償請求などが起こされる場合もある。

①利用目的の特定とそれに沿った取り扱い
②適正な取得と利用目的の通知・公表
③個人データの正確性の確保と安全管理
④第三者への提供制限
⑤保有個人データの開示・訂正・利用停止など
⑥苦情の処理

個人情報保護法の適用が除外される場合
　個人情報保護法の適用を認めると行政の介入を許すことになり，憲法で保障された思想・信条の自由などの権利を侵す場合も想定される。このため，以下の場合には個人情報保護法の適用を除外することになっている。

①放送機関，新聞社，通信社，その他の報道機関（報道を業として行う個人も含む）が報道のために個人情報を用いる場合。

②著述を業として行う者が著述のために個人情報を用いる場合．
③大学などが学術研究のために個人情報を用いる場合．
④宗教団体が宗教活動とそれに付随する活動のために個人情報を用いる場合．
⑤政治団体が政治活動とそれに付随する活動のために個人情報を用いる場合．

プロバイダ責任制限法
（平成13年11月30日公布）

趣旨
第一条──この法律は，特定電気通信による情報の流通によって権利の侵害があった場合について，特定電気通信役務提供者の損害賠償責任の制限及び発信者情報の開示を請求する権利につき定めるものとする．

定義
第二条──この法律において，次の各号に掲げる用語の意義は，当該各号に定めるところによる．
一　特定電気通信　不特定の者によって受信されることを目的とする電気通信（略）の送信（公衆によって直接受信されることを目的とする電気通信の送信を除く．）をいう．
二　特定電気通信設備　特定電気通信の用に供される電気通信設備（略）をいう．
三　特定電気通信役務提供者　特定電気通信設備を用いて他人の通信を媒介し，その他特定電気通信設備を他人の通信の用に供する者をいう．
四　発信者　特定電気通信役務提供者の用いる特定電気通信設備の記録媒体（当該記録媒体に記録された情報が不特定の者に送信されるものに限る．）に情報を記録し，又は当該特定電気通信設備の送信装置（当該送信装置に入力された情報が不特定の者に送信されるものに限る．）に情報を入力した者をいう．

損害賠償責任の制限
第三条──特定電気通信による情報の流通により他人の権利が侵害されたときは，当該特定電気通信の用に供される特定電気通信設備を用いる特定電気通信役務提供者（以下この項において「関係役務提供者」という．）は，これによって生じた損害については，権利を侵害した情報の不特定の者に対する送信を防止する措置を講ずることが技術的に可能な場合であって，次の各号のいずれかに該当するときでなければ，賠償の責めに任じない．ただし，当該関係役務提供者が当該権利を侵害した情報の発信者である場合は，この限りでない．
一　当該関係役務提供者が当該特定電気通信による情報の流通によって他人の権利が侵害されていることを知っていたとき．
二　当該関係役務提供者が，当該特定電気通信による情報の流通を知っていた場合であって，当該特定電気通信による情報の流通によって他人の権利が侵害されていることを知ることができたと認めるに足りる相当の理由があるとき．（略）

発信者情報の開示請求等
第四条──特定電気通信による情報の流通によって自己の権利を侵害されたとする者は，次の各号のいずれにも該当するときに限り，当該特定電気通信の用に供される特定電気通信設備を用いる特定電気通信役務提供者（以下「開示関係役務提供者」という．）に対し，当該開示関係役務提供者が保有する当該権利の侵害に係る発信者情報（氏名，住所その他の侵害情報の発信者の特定に資する情報であって総務省令で定めるものをいう．以下同じ．）の開示を請求することができる．
一　侵害情報の流通によって当該開示の請求をする者の権利が侵害されたことが明らかであるとき．
二　当該発信者情報が当該開示の請求をする者の損害賠償請求権の行使のために必要である場合その他発信者情報の開示を受けるべき正当な理由があるとき．（略）

不正アクセス行為の禁止等に関する法律
（平成11年8月13日公布，平成25年5月31日改正）

目的
第一条──この法律は，不正アクセス行為を禁止するとともに，これについての罰則及びその再発防止のための都道府県公安委員会による援助措置等を定めることにより，電気通信回線を通じて行われる電子計算機に係る犯罪の防止及びアクセス制御機能により実現される電気通信に関する秩序の維持

を図り，もって高度情報通信社会の健全な発展に寄与することを目的とする。

定義
第二条——この法律において「アクセス管理者」とは，電気通信回線に接続している電子計算機(以下「特定電子計算機」という。)の利用(当該電気通信回線を通じて行うものに限る。以下「特定利用」という。)につき当該特定電子計算機の動作を管理する者をいう。(略)

不正アクセス行為の禁止
第三条——何人も，不正アクセス行為をしてはならない。

他人の識別符号を不正に取得する行為の禁止
第四条——何人も，不正アクセス行為(第二条第四項第一号に該当するものに限る。第六条及び第十二条第二号において同じ。)の用に供する目的で，アクセス制御機能に係る他人の識別符号を取得してはならない。

不正アクセス行為を助長する行為の禁止
第五条——何人も，業務その他正当な理由による場合を除いては，アクセス制御機能に係る他人の識別符号を，当該アクセス制御機能に係るアクセス管理者及び当該識別符号に係る利用権者以外の者に提供してはならない。

他人の識別符号を不正に保管する行為の禁止
第六条——何人も，不正アクセス行為の用に供する目的で，不正に取得されたアクセス制御機能に係る他人の識別符号を保管してはならない。

識別符号の入力を不正に要求する行為の禁止
第七条——何人も，アクセス制御機能を特定電子計算機に付加したアクセス管理者になりすまし，その他当該アクセス管理者であると誤認させて，次に掲げる行為をしてはならない。ただし，当該アクセス管理者の承諾を得てする場合は，この限りでない。(略)

アクセス管理者による防御措置
第八条——(略)アクセス管理者は，(略)当該特定電子計算機を不正アクセス行為から防御するため必要な措置を講ずるよう努めるものとする。

都道府県公安委員会による援助等
第九条——都道府県公安委員会(略)は，(略)当該不正アクセス行為に係る特定電子計算機に係るアクセス管理者から，(略)援助を受けたい旨の申出があり，その申出を相当と認めるときは，(略)特定電子計算機を不正アクセス行為から防御するため必要な応急の措置が的確に講ぜられるよう，必要な(略)援助を行うものとする。(略)

第十条——国家公安委員会，総務大臣及び経済産業大臣は，(略)毎年少なくとも一回，不正アクセス行為の発生状況及びアクセス制御機能に関する技術の研究開発の状況を公表するものとする。(略)

罰則
第十一条——第三条の規定に違反した者は，三年以下の懲役又は百万円以下の罰金に処する。
第十二条——次の各号のいずれかに該当する者は，一年以下の懲役又は五十万円以下の罰金に処する。
　一　第四条の規定に違反した者
　二　第五条の規定に違反して，相手方に不正アクセス行為の用に供する目的があることの情を知ってアクセス制御機能に係る他人の識別符号を提供した者
　三　第六条の規定に違反した者
　四　第七条の規定に違反した者
　五　第九条第三項の規定に違反した者
第十三条——第五条の規定に違反した者(前条第二号に該当する者を除く。)は，三十万円以下の罰金に処する。
第十四条——第十一条及び第十二条第一号から第三号までの罪は，刑法(明治四十年法律第四十五号)第四条の二の例に従う。

付録―2　情報技術の発展と社会・法・制度の変化

年	情報技術	社会情勢・事件	法・制度
1995	＜インターネット元年＞Windows95 日本初のネットカフェ	阪神淡路大震災	
1996	Yahoo! JAPAN設立	ワイセツ図画公然陳列容疑で逮捕（インターネットを利用した初めての犯罪の摘発）	通信品位法と違憲判決（米国），マルチメディア法成立（ドイツ）（施行1997）
1997	Mac OS8 Goo, infoseek, 検索サービス開始	連続児童殺傷事件犯人逮捕（被疑者少年の写真ネット流出）	
1998	Windows98，CATVネット接続開始	自殺サイトが社会問題化	著作権延長法，保護期間70年に延長（米国）
1999	i-modeサービス開始，2ちゃんねる（電子掲示板）開設，ペットロボット（AIBO）発売	ストーカー殺人事件，アジア通貨危機	不正アクセス禁止法成立（施行2000）
2000	Mac OS9 BSデジタル放送開始	雪印集団食中毒事件	ストーカー規制法成立・施行，電子署名法成立（施行2001），情報公開法（施行2001）
2001	WindowsXP ブロードバンド接続（FTTH），ケータイテレビ電話，ipod発売	アメリカ同時多発テロ事件，雪印食品の牛肉産地偽装事件	電子消費者契約法成立・施行，プロバイダ責任制限法成立（施行2002）
2002	3G回線本格的商用サービス開始		迷惑メール防止法成立・施行
2003	住民基本台帳ネットワーク（住基ネット）の本格運用が開始	Winny（ファイル交換ソフト）の利用者逮捕 高等学校教科「情報」実施	出会い系サイト規制法成立・施行，個人情報保護法成立（施行2005），映画著作物の保護期間延長（公表後50年から70年）
2004	SNS「mixi」開設，おサイフケータイ	女子児童殺害事件	コンテンツの創造，保護及び活用の促進に関する法律成立・施行，公益通報者保護法（施行2006）

年	情報技術	社会情勢・事件	法・制度
2005	「YouTube」開設	JR福知山線脱線事故	
2006	Windows Vista「Twitter」開設，ワンセグ放送開始，ニコニコ動画試験サービス開始	ライブドア社長ら証券取引法違反で逮捕（ライブドア・ショック）	教育基本法改正，著作権法改正
2007	「YouTube」日本語版，iPhone発売		電子記録債権法成立（施行2008）
2008	「Facebook」公開，「Twitter」日本語版，iPhone3G日本で発売	秋葉原通り魔事件，ネットでの殺害予告で逮捕，リーマンショック	迷惑メール防止法改正，出会い系サイト規制法改正，青少年インターネット環境法成立（施行2009）
2009	Windows 7	医薬品のネット販売規制	著作権法改正（違法コンテンツのダウンロード）
2010	iPad発売	「You Tube」に漫画映像を投稿した少年逮捕	
2011	iPad2発売，LINEサービス開始，地上デジタル放送完全移行	東日本大震災，大学入試問題の投稿事件（投稿した少年逮捕）	刑法改正（ウイルス作成罪，サイバー刑法）
2012	Windows 8 東京スカイツリー開業		不正アクセス禁止法改正，著作権法改正，公職選挙法改正（ネット選挙）
2013	フリマアプリ「メルカリ」サービス開始	パソコン遠隔操作事件，Facebookで炎上（アイス冷凍庫での写真を投稿）	道路交通法改正・施行（自転車運転の携帯電話使用），特定機密保護法成立
2014	iPhone6発売（非接触型決済サービスApple Payサービス開始）	学術論文コピペ問題，ベネッセ顧客情報流出事件	マイナンバー法成立（施行2015），リベンジポルノ防止法成立・施行，「忘れられる権利」を認める判決
2015	Windows 10 Apple Watch発売	教育関連産業での個人情報大量流出事件，私的録画補償金管理協会解散	個人情報保護法改正（施行2017）（「個人情報」の定義の変更）
2016	ポケモンGO日本でサービス開始	人工知能（AI）が囲碁のプロ棋士に勝利，「前略プロフィール」サイト閉鎖	ストーカー規制法改正（施行2017）（SNS上でのつきまとい行為）
2017	iPhone X発売（全面有機ELディスプレー）	動画投稿による逮捕（チェーンソーによるヤマト運輸恫喝）	

付録―3　情報関連重要用語

● A～Z

DRM	▶Digital Rights Management◀ディジタル情報として表現された著作物の権利を保護するために複製を制限したり，再生や利用を制限したりする技術。
eラーニング	▶Electronic Learning◀インターネットやパソコンを介した学習システム。
GPS	▶Global Positioning System◀全地球測位システム。地球上を周回するGPS衛星3つ以上（通常は4つ）からの信号（時刻と軌道情報）を受け取り，それらをもとにして自分のいる位置（緯度と経度）を特定するシステム。
HTML	▶Hyper Text Markup Language◀Webページを作るときに使用する言語。文書の構造や装飾を指定するのに使う。
http	▶Hyper Text Transfer Protocol◀WWWでのデータ転送のためのプロトコル。TCP/IPで動作する。
IPアドレス	▶Internet Protocol address◀インターネットに接続されたコンピュータがもっている，個別の番号。
POPサーバ	▶Post Office Protocol server◀メールサーバのうち，電子メールを受信する側のコンピュータ。
SMTPサーバ	▶Simple Mail Transfer Protocol server◀メールサーバのうち，電子メールを送信する側のコンピュータ。
SNS	▶Social Networking Service◀登録した利用者のコミュニケーションを深める，新たなつながりを作るなどを目的としたコミュニティサービス。
SOHO	▶Small Office Home Office◀会社から離れた場所や家庭に小規模な事務所を設け，ネットワークを通じて仕事を行う形態。
SSL/TLS	▶Secure Sockets Layer/Transport Layer Security◀盗聴や改竄，なりすましなどを防ぐために，データを暗号化して通信するプロトコル。
TCP/IP	▶Transmission Control Protocol/Internet Protocol◀インターネットで使われているプロトコル。TCPプロトコルとIPプロトコルの2つを組み合わせたもの。
URL	▶Uniform Resource Locator◀Webページの場所を示すための検索コード。

Webアクセシビリティ	▶Web Accessibility◀Webページの利用（アクセス）しやすさのこと。
Webサーバ	▶Web server◀Webページが保存されているサーバ。
Webページ	▶Web page◀インターネット上に公開されている情報。ブラウザで閲覧できる。
Wi-Fi	▶Wireless Fidelity◀無線LANの通信規格の1つ（IEEE802.11）による無線LAN機器間の相互接続性を，Wi-Fi Alliance（Wi-Fi産業の成長などを目的とした業界団体）が認証したことを示すブランド名。

● あ 行

アクセス権	▶access privileges◀システム管理者がLANを利用するユーザに与える操作の権限。ファイルの参照，読み出し，書き込み，削除など。
暗号化	▶encryption◀第三者の解読・利用を防ぐために，特定のキー（暗号鍵）を用いて情報を組み換えること。
インターネット	▶Internet◀世界中の通信ネットワークを接続した巨大なコンピュータ・ネットワーク。
オンラインショッピング	▶online shopping◀消費者と企業間での電子商取引のこと。Webページ上の電子商店で，商品などの買い物をすること。インターネットショッピング，ネットショッピングともいう。

● か 行

架空請求	▶false billing◀実際には使用していないサービス料金を請求してだまし取る詐欺。電子メールまたは郵便が使われることが多い。
クッキー	▶Cookie◀Webサーバが，閲覧したユーザに関する情報を，ブラウザを通じてユーザのコンピュータに一時的にファイルとして記録したり読み出したりする仕組み。
個人情報	▶personal data◀単独で，あるいは組み合わせて個人を識別できる情報。氏名，住所，性別，生年月日を基本4情報という。
コンピュータウイルス	▶computer virus◀コンピュータに感染して増殖し，プログラムを誤動作させたりする小さなプログラム。また，ウイルスを検出する機能と，ウイルス自体をコンピュータから駆除する機能を備えているソフトウェアをウイルス対策ソフトウェア（あるいは，ワクチンソフト）という。

● さ 行

サイバー犯罪	▶cyber crime◀情報技術を悪用した犯罪。不正アクセスや詐欺行為など，範囲は広い。
産業財産権	▶industrial property right◀特許権，実用新案権，意匠権，商標権の4種の権利の総称。
情報セキュリティ	▶security◀コンピュータへの不正アクセスやデータの改竄などを防止し，コンピュータを利用するうえでの安全性を確保すること。
スパイウェア	▶spyware◀利用者が気付かない間に，コンピュータ内に保存されたファイルや履歴情報，キーボードやマウスの操作情報などを，勝手に外部のコンピュータに送信するソフトウェア。
スパムメール	▶spam mail◀営利目的のメールを無差別・大量に受信者の承諾なしに送りつけること。または，その送られたメール。
生体認証 （バイオメトリクス認証）	▶biometrics authentication◀人間の身体的特徴を利用した本人確認の方法。
セキュリティパッチ	▶security patch◀ソフトウェアのセキュリティホールの原因となるファイルを，正しく機能するファイルに置き換えて，修復するプログラム。
セキュリティホール	▶security hole◀ソフトウェアやシステムの設計上の問題などによる，コンピュータの技術的な不備。攻撃されると不正に使用される可能性があるため，セキュリティ上の弱点とされる。
セキュリティポリシー	▶security policy◀コンピュータやネットワークに対する不正な使用や侵入などの被害を防ぐための方針や具体的な実施内容を定めた，組織全体の情報セキュリティの基本的な方針。

● た 行

ダウンロード	▶download◀ネットワークを通じて，ファイルを入手すること。
知的財産権	▶intellectual property right◀知的創作活動に対してその創作者に与えられる，一定期間独占的な権利。著作権や産業財産権などがある。
チャット	▶chat◀オンラインで，リアルタイムにメッセージをやり取りする「文字による会話」のこと。
著作権	▶copyright◀著作者が自己の著作物の複製・発刊・翻訳・興行・上映・放送などに関し，独占的に支配し利益を受ける権利。

著作者人格権	▶moral right of author◀著作者が自分の著作についてもっている人格的利益を守る権利。内容は，著作物の公表，著作物への氏名表示，著作物の同一性保持である。
著作者の権利	▶right of author◀著作権のうち経済的な利益を独占することができる財産権と，著作者人格権を合わせた権利。
著作隣接権	▶neighboring right◀実演家，レコード製作者，放送事業者などに認められる著作権に準ずる権利。録音・録画・複製などを専有する権利。
通信プロトコル	▶communication protocol◀コンピュータで通信を行う際の手順や方法の約束ごと。
ディジタルデバイド（情報格差）	▶digital divide◀情報機器を自分で操作してインターネット上の有用な情報に直接アクセスできる人と，そうでない人との間に生じる社会的，経済的な格差。通信環境やコンピュータスキルの差が原因となる。
テクノストレス	▶techno-stress◀情報機器の普及によって新たに出現した病的症状。コンピュータ環境に適応できないテクノ不安症と，コンピュータに過剰に適応したテクノ依存症がある。
電子掲示板	▶BBS：Bulletin Board System◀コンピュータを用いたメッセージ交換システムの1つ。電子掲示板用のサーバにメッセージを書き込むと，不特定多数の相手がそれを読んだり，返事を書き込んだりできる。
電子商取引	▶EC：Electronic Commerce◀ネットワークを通して，商品やサービスを取引すること。eコマースともいう。
電子署名	▶electronic signature◀送信者本人によって作成され，内容が改竄されていないことを示す技術。
電子すかし	▶digital watermarking◀画像データや音声データに著作権情報を記録するための技術。
電子メール	▶electronic mail◀インターネット上で，特定の人とメッセージをやり取りするシステム。eメールともいう。
ドメイン名	▶domain name◀数値で表されているIPアドレスを，人間が覚えやすいように，わかりやすい名前に置き換えた。ドメイン名をコンピュータが理解できるIPアドレスに変換するコンピュータをドメインネームサーバ（DNSサーバ）という。
トラックバック	▶track back◀ブログ最大の特徴で，別のブログへのリンクを書き込んだときに，リンク先の相手に対してそのことを通知する仕組みのこと。

● な 行

なりすまし	▶disguise◀ ユーザーIDやパスワードが盗まれ，本人になりすまして不正使用されること。
認証システム	▶authentication system◀ インターネットを安全で信用できるものにするために，利用者がだれであるかを特定する仕組み。

● は 行

ハイパーリンク	▶hyper link◀ Webページ上における特定の文字や画像などをクリックすると，関連するWebページに移動できる機能。
パスワード	▶password◀ コンピュータシステムの認証を受ける際，ユーザ名とともに入力する文字列。
バックアップ	▶backup◀ プログラムやデータの破損・紛失に備え，予備のディスクなどにプログラムやデータをコピーしておくこと。
パブリシティ権	▶right of publicity◀ 有名人の顔や姿などを用いて経済的利益を得られることを独占する権利。
ファイアウォール	▶fire wall◀ インターネットに接続したコンピュータやネットワークを，外部の侵入から守り，内部の情報がもれるのを防ぐシステム。
フィッシング詐欺	▶phishing scam◀ 金融機関やショッピングサイトなどを装って電子メールを送り，電子メール内のリンクをたどらせて偽のWebページやポップアップウィンドウに誘導して，IDとパスワードや，クレジットカード番号を入力させて盗み，それを詐欺に利用するもの。
フィルタリング	▶filtering◀ 有害な情報を選別する方法。また，フィルタリングのための基準を設けることをレイティングという。
不正アクセス	▶illegal access◀ 情報通信ネットワークに接続されたコンピュータに，他人のパスワードを使ったりセキュリティホールを利用するなどして侵入すること。
ブラウザ	▶browser◀ Webページを閲覧するためのソフトウェア。
ブログ	▶blog◀ ウェブログ（weblog）ともいう。もとは，ネットのニュースやほかのWebページにリンクでつないで論評するものであったが，現在は，日記など個人的な用途や企業内のコミュニケーションに利用されている。

●ま行

マルチメディア	▶multimedia◀文字・音声・静止画・動画などを統合して扱うこと。
無線LAN	▶wireless local area network◀通信ケーブルのような有線ではなく，電波を使用して通信を行うコンピュータ・ネットワーク。
メーリングリスト	▶mailing list◀メーリングリストのアドレス宛てにメールを送信することによって，リストに登録されたメンバー全員に，同じ内容のメールが送られる仕組み。
メールアドレス	▶mail address◀電子メールの宛名。アドレスともいう。
メールサーバ	▶mail server◀電子メールの配送を行うサーバ。
メディア	▶media◀情報を載せて運ぶ物質や仕組み。
メディアリテラシー	▶media literacy◀メディアによって送受信される情報を読み取り，価値を判断しつつ活用する力。
文字コード	▶character code◀コンピュータで文字を扱うために，それぞれの文字に割りふられた符号。
文字化け	▶character error◀通信などの障害で文字コードが違った文字コードにかわったり，文字コードが異なるコンピュータ間の通信を行った場合に，文字が正しく表示されない状態のこと。

●や行

ユニバーサルデザイン	▶universal design◀年齢，言語，身体能力などに関係なく，あらゆる人が利用しやすいような設計のこと。
ユビキタス社会	▶ubiquitous society◀生活や社会のいたるところにコンピュータが存在して，情報端末が，「いつでも，どこでも，誰とでも，何とでも」つながる高度情報通信社会のこと。

●ら行

リンク	▶link◀あるWebページからほかのWebページへジャンプするための関連付けをさす。

●わ行

ワクチンソフト	▶vaccine software◀ウイルス対策ソフトウェアの総称。→コンピュータウイルス
ワンクリック詐欺	▶one click and charge claim◀Webページ上で不用意なクリックを誘い，不当な料金を請求してだまし取る詐欺。

問の解答と解説

1章

問 1 正解 3)

解説 1) 個人情報が流出すると悪用される危険性がある。
2) 友人の作文を無断で写す行為は，友人の著作権を侵害することになる。
4) コンピュータウイルスに感染すると，コンピュータに被害や悪影響を及ぼす。
5) 他人のIDやパスワードを盗み，その人になりすましてコンピュータにアクセスする行為は犯罪で，不正アクセス禁止法により罰せられる。

問 2 正解 2)

解説 1) 情報の価値は個人で異なる。
3) 通信ネットワークを使うと，ディジタル情報は広い範囲に，しかも速く伝わっていく。
4) コミュニケーションをうまくはかるには，受信者の立場と状況を考えて情報を発信する必要がある。
5) 情報は，発信しても発信者のもとに残る。

問 3 正解 4)

解説 1) 同じ情報でも，伝えるメディアによって伝達方法や表現方法が異なるため，受信者が受け取る内容は同じになるとは限らない。
2) 大きな報道機関でも，誇張された報道がなされることはある。
3) インターネット上の情報は，信頼できるものばかりとは限らない。
5) 正確な情報を得るには，Webページ，新聞，書籍など，複数のメディアから情報を集め，照合する必要がある。

問 4 正解 4)

解説 4) 有名人は，自己の肖像などによって経済的な利益を得ることができるパブリシティ権をもっている。

2章

問1 正解 4)

解説
1) 本籍地は，原則的に非公開の個人情報である。
2) 性別は基本4情報であるが，電子メールでの問い合わせに答える必要はない。
3) 基本4情報は公開される可能性が高い個人情報ではあるが，他人が無断で公開することは許されない。
5) 個人情報保護法は，行政機関ではなく，民間企業の保有する個人情報の管理を徹底させる目的で制定された。

問2 正解 1)

解説
1) インターネットに流出した情報は，閲覧したコンピュータのほか，検索エンジンのサーバなどにも自動的に保存されるため，世界中に拡散してしまう恐れがある。

問3 正解 2)

解説
1) 営業上の情報の中には，知的財産となるものもある。
3) 日本も含め，著作物に©を表示しなくてもよい国が大半である。
4) たとえ有名人でも，その肖像権は認められる。
5) 似たようなデザインでも，別個の意匠権の対象になる場合がある。

問4 正解 1)

解説
2) 法律や条例は著作権で保護される対象ではない。
3) 財産権としての著作権は，著作者の死後70年間保護される。
4) 機械的な複製写真には，著作権が生じない。
5) 文化の発展に寄与するために，著作権を保護する著作権法が制定された。

問5 正解 5)

解説
1) プログラムソフトウェアのバックアップは原則的には認められている。
2) プロテクトを外してのバックアップは，原則として認められていない。
3) 個人的に家庭内で利用するだけの複製は許されるが，不特定の人に利用させると複製権の侵害になる。
4) 個人が特定できるような写真を公開することは肖像権の侵害になる。

3章

問 1 〔正解〕 **1)**

解説 ● 2)電子メールの宛先は1文字でも間違えると相手に届かない。
3)電子メールは相手のメールサーバにいったん保存されるので，大きいサイズのメールを送るとサーバの容量がパンクして，ほかのメールが届かなくなり，受信者の環境によってはメール受信に通信料金がかかるなど，トラブルの原因となることがあるので注意が必要である。
4)電子メールは，受信者がすぐに対応できない場合や途中に障害があれば到着が遅れることがあるので，速やかな返信を期待しない方がよい。
5)電子メールの送信時は，相手のコンピュータに送信者のコンピュータが直接アクセスしているわけではなく，送信者のメールサーバが相手のメールサーバに送信している。

問 2 〔正解〕 **2)**

解説 ● 2)発信者は，「あなただけに」という意図で送ったものかもしれない。原本の送信者の了解を得て転送すべきである。

問 3 〔正解〕 **4)**

解説 ● 1)転載可能と示されていない限り，無断でメーリングリスト内の情報をほかのメーリングリストに流してはいけない。転載やメンバー以外に内容を紹介する場合は，あらかじめメンバーに確認と了解を取る必要がある。
2)会合への出欠の返事は，通常，取りまとめ役(幹事)の人に送ればよい。
3)情報の信用性は文章の中身であり，個人情報入りの署名を入れれば信用が得られることとは別の問題である。むしろ，不必要な個人情報の記載は避けるべきである。
5)しばらく電子メールが読めない場合は，そのことをメンバーに知らせたうえで，できれば，一時的にメーリングリストの配信をやめる。

問 4 〔正解〕 **4)**

解説 ● 1)Webとは「蜘蛛の巣」のことである。
2)Webページの閲覧には，ブラウザソフトを用い，ftpはファイルのアップロード，ダウンロードに利用されるプロトコルである。
3)単に受信したデータを表示しているわけではないので，同じデータを

受信しても，ブラウザの種類・設定などにより，画像が表示できない，表示が異なるといった違いがでる。
5) 画像にもリンクでつなぐことが可能である。

問 5 正解 5)

解説 ● 5) 自分が利用しているブラウザで正しく表示されたからといって，ほかのブラウザでも同じように表示されるわけではない。代表的なブラウザで，意図した通りの表示になるかどうかを確認する必要がある。

問 6 正解 5)

解説 ● 5) 誹謗・中傷や自分勝手な発言を繰り返してほかの参加者に迷惑をかけるような発言には，反論せずに無視する。あまりにもひどい場合は，電子掲示板の開設者や管理者に発言の削除を求める。

問 7 正解 3)

解説 ● 3) いたずら目的などで偽の救難情報を発言している可能性もあるので，テレビやラジオなどの複数の情報源を調べて，情報が正しいかどうかを確認する。

4章

問 1 正解 4)

解説 ● 4) スマートフォンは，パソコンと同様に，ウイルス対策ソフトウェアをインストールし，バックアップなどの頻度も高くする必要がある。

問 2 正解 1)

解説 ● 1) インターネットやスマートフォンを使って情報を得ることが増えたが，テレビ，ラジオ，雑誌などのメディアからの情報を得ることがなくなったわけではない。

問 3 正解 2)

解説 ● 2) コンピュータやインターネットを使っていないと不安を感じる状態は，テクノ依存症という。テクノ不安症は，コンピュータやインターネットを使うことに不安や恐れを感じる状態をいう。

問 4 正解 3)

解説 ● 3) 登録した読者に電子メールを使って定期的に発信するものは，メールマガジンである。Webマガジンは，Webページ上で定期的に記事を

紹介するものである（Webマガジンの新刊号を電子メールで案内するものはあるが，記事内容を送るわけではない）。

問5 正解 **1)**

解説 1) 日本の高等学校には，主としてインターネットを通した学習で卒業することができる通信制高校がある。私的な機関のフリースクールで，不登校児童・生徒のための在宅学習として，遠隔教育を行っているインターネットスクールもある。

問6 正解 **3)**

解説 3) インターネット上には育児に関するWebページもあり，育児相談などをメールで受け付けたり，子どもの一時預かりを行っている保育所・幼稚園の情報が紹介されたりしている。

問7 正解 **3)**

解説 1) インターネット上で個人が互いに取引を行うことを消費者間取引「C to C」といい，禁じられてはいない。
2) オンラインショッピングでは，現実の店舗での買い物に比べてトラブルに巻き込まれる可能性が高いので，自己防衛を実行することが大切である。
4) 法や社会制度の整備は進んではいるが，解決しがたい課題も多い。
5) ネットオークションを利用したからといって，品物をいつも現実の店舗より安く手に入れられるとは限らない。

問8 正解 **4)**

解説 4) 電子消費者契約法で定められた，契約内容の確認なしに料金を請求する「ワンクリック詐欺」であり，支払いをする必要はない。何らかの料金を請求された場合，内容をよく確認して判断する必要がある。

問9 正解 **5)**

解説 5) ネットストーカーの被害に遭った場合は，自分で解決するのも1つの方法だが，第三者の仲介のもとで，相手と話し合うなどの解決方法もある。被害が深刻な場合は，警察などにも相談することが必要となる。

問10 正解 **2)**

解説 1) 匿名だからこそ，対面でのコミュニケーション以上に誠実さが必要になる。

3) 実際に行動しなくても，殺人予告は脅迫罪または業務妨害罪となる違法行為である。
4) 悪質業者が裁判所に「少額訴訟」を起こした場合，裁判所からの呼び出しに応じなければ，悪質業者の訴え通りの判決が出てしまう。
5) 振り込め詐欺が疑われる場合は，必ず子ども本人に確認する。

5章

問1 〔正解〕 2)
解説
1) インターネットには，どのコンピュータからでもアクセスできてしまう。
3) ファイアウォールは不正な通信を遮断するものである。
4) コンピュータウイルスはほとんどのコンピュータで感染する恐れがある。
5) スパムメールは一方的に繰り返し送られてくる迷惑なメールのことである。

問2 〔正解〕 3)
解説
1) ほかの人に見られる可能性があるため，紙に書くのはよくない。
2) 解読されやすいため，誰でも推測しやすいパスワードはよくない。
4) パスワードが漏えいしたときに被害が広がる可能性があるため，ほかのWebサイトで利用しているパスワードは使いまわさない。
5) 親しい友だちでも，教えるのはよくない。

問3 〔正解〕 4)
解説
4) 暗号化されたデータは，復号するための鍵をもった人であれば，元に戻すことができる。

問4 〔正解〕 3)
解説
3) 公共機関のWebサイトでも，ファイルが改竄されてコンピュータウイルスやスパイウェアがまぎれ込んでいる場合もある。

問5 〔正解〕 5)
解説
1) スパムメールの本文に書いてある内容は，すべて正しいとは限らない。
2) 断りの返事を出すと，自分のメールアドレスが実在し，受信者が反応することを相手に伝える結果になるのでよくない。

3) スパムメールに記載されているURLをクリックすると，コンピュータウイルスやスパイウェアを送り込んでくるサイトにアクセスしてしまう可能性がある。
4) 人道的な内容のメールであっても，チェーンメールになる可能性のある内容は転送せずに，違う方法で周知するように心がける必要がある。

問 6 正解 **1)**

解説 1) ウイルス対策ソフトウェアは，コンピュータウイルスを発見したり，除去したりするソフトウェアであるが，インストールされていても，ウイルスを検知する情報が遅れたために感染してしまう場合がある。バックアップは定期的に取っておくことが必要である。

問 7 正解 **2)**

解説 2) Webページに嘘の情報を載せる行為は，「不正アクセス禁止法」にはふれない。ただし，倫理上よくない行為であることにはかわりがない。

問 8 正解 **3)**

解説 3) パソコンのフィルタリング専用ソフトウェアでは，設定を管理する保護者が，子どもの発達段階やネット上の危険性への理解度にあわせて，特定のカテゴリやWebサイトへのアクセス制限を個別に設定できる。

問 9 正解 **1)**

解説 2) コピーを繰り返しても，コンテンツに埋め込まれた電子すかし情報は元のままで残っている。
3) 電子すかし情報を音声データに埋め込んでも，人間の聴覚でわかるような影響はない。
4) 電子署名の技術は，電子メールのほかに，Webでの暗号化通信，電子商取引，行政への申請・届出など幅広く利用されている。
5) 電子署名では，信頼性の高い情報のやり取りをするために，公開鍵暗号方式の暗号技術を利用している。

章末問題の解答

1章

1 ①情報　②メディア　③メディアリテラシー　④責任

2 1) イ　エ　オ　ク　コ　ス
　　 2) ア　ウ　カ　キ　ケ　サ　シ

3 ①価値　②生じた　③複製　④伝播

2章

1 ①性別　②意匠権　③パブリシティ権　④70年　⑤70年　⑥利用目的

2 ア) 個人情報　イ) 個人データ　ウ) 保有個人データ

3 1) ウ　2) ア　3) エ　4) イ

3章

1 ①メールサーバ　②ユーザ名　③SMTP　④POP　⑤URL
　　 ⑥Webサーバ　⑦ファイル　⑧代替文字　⑨Webアクセシビリティ
　　 ⑩ユニバーサルデザイン

2 1) イ　2) エ　3) イ　4) ウ　5) ア　6) オ

4章

1 ①デジタルデバイド　②遠隔教育　③eラーニング　④電子商取引
　　 ⑤情報家電　⑥テクノストレス　⑦匿名　⑧匿名性
　　 ⑨ネットパトロール（サイバーパトロール）

2 1) イ　2) カ　3) ア　4) オ　5) キ　6) ウ

5章

1 ①セキュリティポリシー　②認証システム　③生体認証　④公開鍵
　　 ⑤秘密鍵　⑥ロックマーク

2 1) オ　2) エ　3) イ　4) ア　5) ウ

3 1) ブラックリスト方式　2) ホワイトリスト方式
　　 3) キーワード／フレーズ方式

さくいん

A~Z

AI	61
BCC	38
B to B	70
B to C	70
CC	38
C to C	70
DES	86
DRM	31, 104
e-Gov（イーガブ）	69
eラーニング	66
GPS	58
HTML	44
http	44
ICT	61
IoT	61
IPアドレス	44
LINE	52
PGP	87
POP	36
RSA	86
SMTP	36
SNS	11, 50
SSL	90
TCP/IP	112
TLS	90
TO	38
URL	44
Webアクセシビリティ	47
Webサーバ	44
Webページ	44, 66
Wi-Fi	88
WWW	44

あ行

アクセス権	83
アクセス制御	83
アドウェア	95
暗号化	83, 86
暗号文	86
意匠権	24
インターネット	6
インターネットスクール	66
インターネットの「影」「光」	6
ウイルス	82, 94
ウイルス対策ソフトウェア	83, 94
遠隔医療	68
遠隔教育	66
オーダリングシステム	68
オンラインショッピング	70

か行

架空請求	78
画像共有サイト	53
機種依存文字	40
基本4情報	18
客観性	11
共通鍵暗号方式	86
クッキー	91
携帯電話不正利用防止法	59
公開鍵	86
公開鍵暗号方式	86
公衆送信権	27, 32
公衆無線LAN	89
個人情報	18
個人情報取扱事業者	19
個人情報の流出	7
個人情報保護条例	19
個人情報保護法	19
個人情報漏洩	23
コンピュータウイルス	9, 82, 94

さ行

サービス不能攻撃	98
サイバースクール	66
サイバー犯罪	99
産業財産権	24
シーザ暗号	86
実用新案権	24
私的使用	30
生涯学習	67
肖像権	25, 33
商標	32
商標権	24
情報	8
情報インフラ	65
情報格差	65
情報家電	60
情報検索	45
情報源	14
情報セキュリティ（対策）	82
情報通信技術	61
情報モラル	9
署名	39
信憑性	11
信頼性	11
人工知能	61
ストーカー規制法	75
スパイウェア	95
スパムメール	82, 92
スマートフォン	56

青少年インターネット環境整備法		59, 102
生体認証		85
セキュリティパッチ		95
セキュリティホール		97
セキュリティポリシー		83

た 行

ダウンロード	33
チェーンメール	93
知的財産基本法	24
知的財産権	24
チャット	66
著作権	24, 27
著作者人格権	28
著作者の権利	25
著作物	26
著作隣接権	25, 29
ツイッター	52
通信プロトコル	36
使い捨てパスワード	85
出会い系サイト(規制法)	74
ディジタルデバイド	65
テクノ依存症	63
テクノストレス	63
テクノ不安症	63
テレビ会議	66
テレワーク	61
電子カルテ	68
電子掲示板	48, 66
電子商取引	70
電子書籍	64
電子署名	85, 104
電子すかし	104
電子すかし技術	65
電子政府	69
電子図書館	64
電子博物館	64
電子美術館	64

電子メール	36, 66
同一性保持権	28, 32
動画共有サイト	53
特定商取引法	70
特定電子メール法	93
匿名性	76
特許権	24
ドメイン名	37
トラックバック	51
トロイの木馬	94

な 行

なりすまし	82, 96
二次的著作物	26
認証システム	84
ネットいじめ	76
ネット依存症	62
ネットオークション	70
ネットストーカー	74
ネット中毒	62
ネットパトロール	77
ネットバンキング	60
ネット犯行予告	76

は 行

バイオメトリクス認証	85
ハイパーリンク	45
パスワード	82, 84
バックアップ	29, 30, 95
パブリシティ権	25
秘密鍵	86
平文	86
ファイアウォール	83
フィッシング詐欺	73
フィルタリング	59
フィルタリング技術	100
復号	86
複製権	27, 28
不正アクセス	82, 96

不正アクセス禁止法	99
プライバシー・ガイドライン	19
プライバシー権	18
プライバシーマーク制度	20
ブラウザ	44
フリマ	71
ブログ	50
プロバイダ	36
プロバイダ責任制限法	75
ヘッダ	38
ホームページ	44

ま 行

無線LAN	88
迷惑メール	82, 92
メーリングリスト	42
メールアドレス	37
メールサーバ	36
メールスプール	36
メディア	8
メディアリテラシー	13
文字化け	41

や 行

有害情報	72
ユーザID	82, 84
ユーザ名	36
ユニバーサルデザイン	47
ユビキタス社会	60
要配慮個人情報	18

ら 行

リンク	45

わ 行

ワーム	94
ワクチンソフト	83
ワンクリック詐欺	73

インターネット社会を生きるための情報倫理　改訂版	表紙デザイン 難波　邦夫

2018年3月31日　初版第1刷発行
2023年1月31日　　　　第6刷発行

●著作者　情報教育学研究会（IEC）・情報倫理教育研究グループ
　　　　阿濱　茂樹＊　　河野　稔＊　　下倉　雅行
　　　　高橋　参吉＊　　田中　規久雄　中條　道雄
　　　　西野　和典＊　　野口　紳一郎　広田　高雄
　　　　村田　育也＊　　安谷　元伸　　山上　通惠
　　　　米田　謙三

　　　　　　　　　　　　　　　　　（＊は編集委員）

●発行者　小田　良次
●印刷所　株式会社広済堂ネクスト

●発行所　実教出版株式会社
　　　　　　　　　　　　　　〒102-8377
　　　　　　　　　　　　　　東京都千代田区五番町5
　　　　　　　　　　　　　　電話　03-3238-7777（営業）
　　　　　　　　　　　　　　　　　03-3238-7785（編修）
　　　　　　　　　　　　　　　　　03-3238-7700（総務）
　　　　　　　　　　　　　　https://www.jikkyo.co.jp/

ISBN978-4-407-34621-3

著作権法早わかり

Information Ethics

著作権法は、全部で124条からなる膨大な法律ですが、ここでは、身近な問題に関わる著作権法の条文を紹介します。

(昭和45年5月6日公布、平成29年5月30日改正)

● 第一章　総則

第一節　通則

（目的）⇒著作者の権利を守り、文化の発展に寄与することが目的です。

第一条　この法律は、著作物並びに実演、レコード、放送及び有線放送に関し著作者の権利及びこれに隣接する権利を定め、これらの文化的所産の公正な利用に留意しつつ、著作者等の権利の保護を図り、もつて文化の発展に寄与することを目的とする。

第二節　適用範囲

（保護を受ける著作物）⇒著作者のプロアマを問わず、著作権は守られます。生徒が作った著作物は生徒が著作者です。

第六条　著作物は、次の各号のいずれかに該当するものに限り、この法律による保護を受ける。
一　日本国民（略）の著作物
二　最初に国内において発行された著作物（略）
三　前二号に掲げるもののほか、条約によりわが国が保護の義務を負う著作物

● 第二章　著作者の権利

第一節　著作物

（著作物の例示）⇒文章や音楽の他にも、さまざまな著作物があります。なお、写真に写されている人物には、肖像権がありますから、写真を使用する際には写真の著作者と写っている人物両方の許可が必要です。

第十条　この法律にいう著作物を例示すると、おおむね次のとおりである。
一　小説、脚本、論文、講演その他の言語の著作物
二　音楽の著作物
三　舞踊又は無言劇の著作物
四　絵画、版画、彫刻その他の美術の著作物
五　建築の著作物
六　地図又は学術的な性質を有する図面、図表、模型その他の図形の著作物
七　映画の著作物
八　写真の著作物
九　プログラムの著作物
2　事実の伝達にすぎない雑報及び時事の報道は、前項第一号に掲げる著作物に該当しない。
3　第一項第九号に掲げる著作物に対するこの法律による保護は、その著作物を作成するために用いるプログラム言語、規約及び解法に及ばない。この場合において、これらの用語の意義は、次の各号に定めるところによる。
一　プログラム言語　プログラムを表現する手段としての文字その他の記号及びその体系をいう。
二　規約　特定のプログラムにおける前号のプログラム言語の用法についての特別の約束をいう。
三　解法　プログラムにおける電子計算機に対する指令の組合せの方法をいう。

第三節　権利の内容

第一款　総則

（著作者の権利）⇒著作権は、届け出がなくても自動的に与えられる権利です。

第十七条　（略）
2　著作者人格権及び著作権の享有には、いかなる方式の履行をも要しない。

第二款　著作者人格権

（公表権）⇒著作者は、発表するかしないかを自由に決めることができます。

第十八条　著作者は、その著作物でまだ公表されていないもの（その同意を得ないで公表された著作物を含む。以下この条において同じ。）を公衆に提供し、又は提示する権利を有する。当該著作物を原著作物とする二次的著作物についても、同様とする。
2〜4　（略）

（氏名表示権）⇒著作者は、名前を表示するかどうかを自由に決めることができます。

第十九条　著作者は、その著作物の原作品に、又はその著作物の公衆への提供若しくは提示に際し、その実名若しくは変名を著作者名として表示し、又は著作者名を表示しないこととする権利を有する。その著作物を原著作物とする二次的著作物の公衆への提供又は提示に際しての原著作物の著作者名の表示についても、同様とする。
2〜4　（略）

(同一性保持権)⇒著作物の内容を他人が勝手に変えることはできません。

第二十条　著作者は、その著作物及びその題号の同一性を保持する権利を有し、その意に反してこれらの変更、切除その他の改変を受けないものとする。

第三款　著作権に含まれる権利の種類
第二十一条　(複製権)
第二十二条　(上演権及び演奏権)　(上映権)
第二十三条　(公衆送信権等)⇒テレビ・ラジオ・インターネットなどで見られるようにする権利
第二十四条　(口述権)
第二十五条　(展示権)
第二十六条　(頒布権)　(譲渡権)　(貸与権)⇒複製物を販売したり、譲ったりする権利。
第二十七条　(翻訳権、翻案権等)⇒翻訳、編曲、脚色、映画化などをする権利

第五款　著作権の制限

(私的使用のための複製)⇒個人的に使用する場合は複製できます。Webサイトに掲載するなど、不特定または多数の人が見る場合は、個人的使用にはあたりません。なお、音楽録音用のCDなどには、あらかじめ著作物使用料が含まれているものもあります。

第三十条　著作権の目的となつている著作物(以下この款において単に「著作物」という。)は、個人的に又は家庭内その他これに準ずる限られた範囲内において使用すること(以下「私的使用」という。)を目的とするときは、次に掲げる場合を除き、その使用する者が複製することができる。

一　公衆の使用に供することを目的として設置されている自動複製機器(略)を用いて複製する場合
二　(略)
三　著作権を侵害する自動公衆送信(略)を受信して行うデジタル方式の録音又は録画を、その事実を知りながら行う場合
2　(略)

(図書館等における複製等)⇒研究のための図書館の資料のコピーは認められます。

第三十一条　国立国会図書館及び図書、記録その他の資料を公衆の利用に供することを目的とする図書館その他の施設で政令で定めるもの(以下この項及び第三項において「図書館等」という。)においては、次に掲げる場合には、その営利を目的としない事業として、図書館等の図書、記録その他の資料(以下この条において「図書館資料」という。)を用いて著作物を複製することができる。

一　図書館等の利用者の求めに応じ、その調査研究の用に供するために、公表された著作物の一部分(略)の複製物を一人につき一部提供する場合
二　図書館資料の保存のため必要がある場合
三　他の図書館等の求めに応じ、絶版その他これに準ずる理由により一般に入手することが困難な図書館資料(略)の複製物を提供する場合
2～3　(略)

(引用)⇒自分の著作物に他人の著作物の一部を引用することが認められています。引用するときは「　」でくくる、出典を明示するなどの配慮が必要です。

第三十二条　公表された著作物は、引用して利用することができる。この場合において、その引用は、公正な慣行に合致するものであり、かつ、報道、批評、研究その他の引用の目的上正当な範囲内で行なわれるものでなければならない。
2　(略)

(学校その他の教育機関における複製等)⇒学校の先生が授業で必要とするものは複製が認められています。ただし、その著作者の利益を害するような大量のコピーは認められていません。

第三十五条　学校その他の教育機関(営利を目的として設置されているものを除く。)において教育を担任する者及び授業を受ける者は、その授業の過程における使用に供することを目的とする場合には、必要と認められる限度において、公表された著作物を複製することができる。ただし、当該著作物の種類及び用途並びにその複製の部数及び態様に照らし著作権者の利益を不当に害することとなる場合は、この限りでない。
2　(略)

★このほかに、第三十六条(試験問題としての複製等)第三十七条(視覚障害者等のための複製等)第三十七条の二(聴覚障害者等のための複製等)第三十八条(営利を目的としない上演等)第三十九条(時事問題に関する論説の転載等)などがあります。

第四節　保護期間

(保護期間の原則)⇒著作権は著作者の死後70年間有効です(映画は公表後70年間有効)。